推しの先輩に聞いてみた

ズボラな僕でもお金が貯まるようになりますか？

投資家
富雄《とみお》 美智《みち》

飛鳥新社

はじめに

この本でお伝えしたいのは、「お金を貯めて増やす方法」です。その方法はたった3つ。①支出を減らす ②収入を増やす ③その両方をする、この3つです。「そんなの当たり前!」と思うでしょうか? でも、その当たり前が難しかったりします。

私が「お金のこと」を知りたいと思ったのは、ある話を聞いたことがきっかけでした。それは、退職して50年で20億円の資産を築き、全資産を寄付した女性の話です。

彼女は1893年(明治26年)ニューヨーク生まれ、50歳で退職した当時の資産は、貯金5000ドルと、年金3100ドルだけでした。その彼女が、1995年に101歳という長寿を全うし、遺産のすべてが寄付されました。その金額が2200万ドル(約20億円)だったというのです。

決して経済的に恵まれた人生ではなかった彼女が、退職してからの50年で20億円もの資産をどうやって築いたのか、とても興味を持ちました。
ひょっとして、彼女の10分の1くらいなら自分にもできるかも……あなたも、私と同じような感覚になったのではないでしょうか？　「自分にもできる」と。

どうやって実現するかを知りたかった私は、その後お金に関する本を読み漁りました。そして、そこで得た情報を元に、実際にやってみました。うまくいくこともあれば、ときには失敗することもありましたが、経験を通じてわかった方法があります。

この本は、これまで私がトライ&エラーをしながら導き出した、誰でもカンタンに実践できる「お金を貯めて増やす方法」を、上田先輩、井上くんという2人のキャラクターの会話形式で抽出したものです。
この本をキッカケに、お金とより良い関係になれる人が増えれば、このうえない喜びです。

富雄美智（Ｍｉｔｃｈ ＴＯＭＩＯ）

目次

CONTENTS

CHAPTER 1

「貯められない」んじゃない、大きな支出で「貯まらない」んです

CHAPTER 2

「貯めるだけ」じゃもったいない！これからは投資が必須の時代です

CONTENTS

CHAPTER 3

CHAPTER 4

投資の二大原則は「NISA」で実現できるんです 151

CONTENTS

キャラクター紹介

上《うえ》田《だ》亮《りょう》

35歳のビジネスマン。とあるメーカーの営業職として日々仕事をこなしている。公言はしていないが、筋金入りの〝お金マニア〟。最近は、FIRE（Financial Independence, Retire Early＝経済的に自立することで、早く仕事を退職して、自分の時間を有意義に過ごすというライフスタイル）について勉強中。完璧主義で何でもそつなくこなす、社内の憧れの的。意外に面倒見が良いところもモテるポイント。

井上《いのうえ》 拓実《たくみ》

29歳のビジネスマン。上田とは同じ会社の先輩・後輩の関係。お金の知識はほとんどなく、入社7年目にして貯金ゼロ。これまで何となくお金を使っていたが、最近になってようやく焦りを感じ始めている。おおざっぱでズボラな性格がたまにキズだが、人付き合いが良く、誰からも愛されるタイプ。上田先輩推し。

きっかけは得意先からの帰り道

担当の鈴木さん、穏やかそうな方でよかったですね。

そうですね。こちらの話もきちんと聞いてくれましたし。今後は、井上くん一人で大丈夫そうですね。

先輩抜きかぁ〜。まだちょっと不安だな〜（チラッ）。

……（気づかないふり）。

先輩ってたまにすごいドライですよね……（苦笑）。

何か言いましたか？

い、いえ……（汗）。

そうですねえ、課長から直帰の許しももらいましたし、せっかくなのでどこかで夕飯でも食べて帰りませんか？

！！！　そういうところがモテる秘訣なんですよね、うんわかるわかる……！

何ぶつぶつ言ってるんですか。行くんですか？　行かないんですか？

先輩とご飯に行けるなら喜んで！！！　……と言いたいところなんですが
……今日はちょっと……。

？？？

実はお恥ずかしい話なんですが、毎月この時期になると、正直お財布の中身が
さみしくなるっていうか……。

え～っ。

マズイ状況なのは重々承知なんですけどね？　でもほら、一人暮らしなので何かと出費が多くて……。

井上くん。

は、はい。

それはちょっと危機感を持ったほうが良いです。

ですよね～……。

その話、もう少し詳しく聞きましょうか。今日は得意先との打ち合わせもうまくいきましたし、特別に私がご馳走《ちそう》しますよ。さあ、行きましょう。

（ラ、ラッキー……なのか？？？）

決意の居酒屋

（店員に向かって）生ビール2つお願いします。……井上くん、もしかして月末になると毎回お財布の中身が心配になって、飲みに行くのを我慢しているなんてこと、ないですよね？

まさに……。

はぁ……（溜息）。正直なところ、井上くんはお金のことってどこまで考えていますか？

お金のことですか？　自慢じゃないですが、な～んにも考えてません（キッパリ）。

はぁ……。

あ、いや、えっと……給与明細くらいは確認してますよ？　でも、お金をきちんと管理しているわけじゃないし。「このくらいなら大丈夫だろう」っていう感覚で使っちゃってます。

それで、今月も口座の残高を見て焦っていると。

はい、すみません……。

それはなんとかしないといけません。

正直今まで、「若いうちはお金を使ってなんぼでしょ」って思ってたんですよ。楽しければいいや〜って。

井上くんらしい。

でも、30代も目前になって、最近、友達が結婚したり子供が生まれた話なんかをよく聞くようになって。実はみんな、言わないだけでちゃんと貯金してたんだってことに気づいて、今はちょっと焦ってます。

なるほど。20代後半から30代って、そういう時期ですよね。ちなみに、井上くんとほぼ同世代の、30代独身の平均貯蓄額がどのくらいか知っていますか？

え〜っと、100万円ぐらいかな？

残念ながら、井上くんの不安をさらにあおるような答えになりそうですね。30代独身の平均貯蓄額は218万円。金融資産（※）を入れると494万円です。

図1　**30代の平均貯金額**

	貯　　金	金融資産合計
独身	218万円	494万円
夫婦	246万円	526万円

（「家計の金融行動に関する世論調査（令和4年）」金融広報中央委員会）

……（絶句）。

一方で、30代の独身世帯の約30％が「貯金ゼロ」というデータもあります。

このままいくと、僕もその30％ですね。改めて現実を見た気がします……。落ち込むなぁ〜。

ちょっと耳の痛い話をしてしまったかもしれませんが、それで自分を責めなくて大丈夫。実は私も、昔は井上くんと同じように、まったく貯金のできないタイプだったんです。

えーっ!?　そうだったんですか!?　上田先輩って、昔から通帳を眺めてはニヤニヤしているタイプかと……。

え？

え？

……お金を貯めるには、ほとんどの人が知らない秘訣があるんです。井上くんも、「貯まらない」原因をきちんと把握して改善すれば、今からでも「貯まる」ようになりますよ。

本当ですか？

ええ。

でも、今までお金のことに無頓着《むとんちゃく》に生きてきたので、何から考えれば良いかわからないんです。というわけで、上田先ぱ……

イヤです（即答）。

え～。まだ何にも言ってないじゃないですか……。先輩、僕にお金のことを教えてくれませんか？　先輩が昼休みに「ＦＩＲＥ」の本読んでるの、知ってるんですよ？

……仕方ありませんね。その代わり、ちゃんと学んでくださいね？

さすが先輩！　ありがとうございます！

P19※金融資産＝預貯金、保険、株、債権、投資信託などが該当

STAFF

編集協力　オフィスふたつぎ（二木百利子）

（株）情報技研（山内章子）

ブックデザイン　ミナトメイワ印刷（株）

WHITELINE GRAPHICS CO.

※本書の情報はすべて2023年3月時点のものです。
「貯金」「預金」の使い分けについて、本書では
「お金を貯める」の意で「貯金」で統一しています。

CHAPTER
1
「貯められない」んじゃない、大きな支出で「貯まらない」んです

小さな支出より、大きな支出に注目しよう

家計簿つけるの禁止！

先輩〜！　僕、この前の話を聞いて反省したので、今月から家計簿アプリをつけることにしました！

……………。

？？？（なんか思ってた反応と違う）

井上くん、前向きな姿勢はとても良いと思いますが、それは**挫折する典型的なパターン**ですよ。

えっーー!?　あれから僕もネットで調べてみたんですけど、だいたい「まずは支出の見直しから」って書かれてましたよ？　だから毎月の収支を把握しなきゃと思って、家計簿アプリをダウンロードしてみたんですけど……。

井上くんの言いたいことはよくわかりますけどね。で、実際アプリを使ってみて、どうでした？

えーっと、「レシート読み込み」機能とかもついてるし、イチから入力する手間が省けて便利だなって思ったんですけど……。

けど？

意外とアプリって面倒くさいんですよね。仕事の合間に買ったコーヒーとか、ついレシートをもらい忘れちゃったり……。結局「あれ？　今日何に使ったっけ？」ってなって、あとから適当に帳尻合わせしたりして。

そうだと思いました。井上くんは、家計簿が続くタイプじゃないですし、すでにそんな状況なら絶対に挫折します。

絶対って……。そんなに言い切らなくても……。

いえ、絶対です。

（泣）。

お金を貯めるのにも、コツがあるんです。これから貯金しようと思う人の中には、井上くんと同じように「まずは家計簿をつけなくちゃ」と考える人が多いんですが、私はおすすめしません。

その心は……？

真面目に家計簿をつけようとしても、よっぽどマメな性格でもない限り、どうしても忘れてしまったり、さぼってしまうこともありますから。つけ忘れが続けば、やる気もだんだんなくなって、「自分は家計簿すらつけられないのか」と自分を責めることになります。

心当たりがありすぎます。

でしょう？

なんだ～。せっかく先輩に褒めてもらえると思ったのにな～。

まあまあ。私もそうでしたから、よくわかりますよ。

え？　普段から完璧で隙《すき》のない上田先輩も？

そうです。せっかく真面目に頑張ろうと思っているのに、逆にやる気がなくなる原因をつくってしまってはもったいないです。

(否定しないんだ……)

貯金も〝体質改善〟から始めよう

実は、過去にも何度か家計簿にチャレンジしたことがあるんですけど、結局、長続きしないでやめちゃいました。正直、こういう「マメさ」の必要なものって苦手なんですよね～。

井上くんはもう少しマメになってくれても良いですけどね。

うぐっ……。

まあ、家計簿をつけるのに成功している人でも、貯金できるようになった人はごく一部なんですよ。

え？　家計簿をつけても貯金ができない？　そんなことってあるんですか？

「家計簿をつけなきゃ」という義務感が、その行為自体を目的にしてしまうんです。本当は、**「貯金をする」のが目的であって、家計簿はそのための「手段」**であるはずなのに。

「目的」と「手段」？

例えば、節約したいと考えている人が、10円安いからといって、近所でも買えるキャベツを車で30分かけて買いに行くのは、正しい選択だと思いますか？

それは逆に無駄のような……？

ですよね。トータルコストを考えれば、どちらを選ぶべきかは一目瞭然。なのに「安いキャベツを手に入れる」ことが目的になっていると、10円の節約のために、ガソリン代というより大きな出費が見えなくなるんです。

家計簿も同じってことですか？

そうです。「家計簿をつけなきゃ」と意識するあまり、家計簿をつけること自体が目的になってしまうんです。

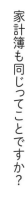

本当の目的は、貯金をすることですもんね。

貯金したいと思うなら、もっと大胆に考えないといけません。井上くんのようにこれから支出を見直したいという人の場合、今は家計簿をきちんとつけることは考えてなくて大丈夫。**小さな出費は思い切って無視して、大きな支出だけにフォーカスする**ことが重要です。

大きな支出？

そうです。まずは大きな支出を見直して、〝お金が貯まる体質〟に改善することから始めましょう。

もっと大胆にならなきゃ
ダメですよ?

スマホ代を見直そう

大手キャリアか、格安ＳＩＭか

まずは、毎月決まった額を支払っている「固定費」について考えてみましょうか。

う〜ん、僕の場合だと、「家賃」「スマホ代」「保険料」……。毎月同じ額を払っているから、「サブスク」もかな。

「固定費」は、毎月必ず支払うものなので、必要経費だと思い込みやすいもの。でも実は、**真っ先に見直すべきは「固定費」**です。ここから見直すことで、支出を抑えることができます。

たしかに、「固定費」はスルーして、もっと細かい出費のことばかり考えてたな……。

見直すときは、高額なものほど優先順位が高くなりますが、そう簡単に引っ越しはできないと思いますし、まずは一番身近な「スマホ代」から考えていきましょうか。

は〜い。

井上くんのスマホは、どこのキャリアを使っていますか？

D社です。中学のときに初めて契約して、そのままずっと使っています。

では、今のスマホ代、いくらかかっていますか？

えーっと……。ざっくりですけど、1万円ぐらいかな……？

結構かかっていますね。今は格安SIMもいろいろ出ていますけど、変えようと思ったことは？

考えたことはあるんですけど、キャリア変更って、かなり面倒じゃないですか？

……。

う、上田先輩……？

格安SIMにすれば、月々の料金は3分の1くらいになりますよ？　私も使っていますが、今まで月に1万円かかっていたスマホ代が、今は約3000円ですんでいます。

今までより月々7000円安くなるのか〜。

年間で考えると、約8万4000円の節約になります。

世の中は〝メンドウ〟で回っている

格安SIMに変えるだけで家賃1カ月分が浮くのか……。う〜ん、頭では理解できるんだけど、やっぱり手続きが面倒なんだよな〜。

井上くんの面倒くさがりは重症ですね。

先輩みたいに何でもスマートにこなせない人も、世の中にはいるんですよ〜。

たしかに、私みたいな人は少ないかもしれません。

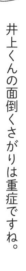

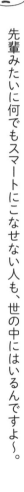

……。

実際、ほとんどの人は井上くんと同じように、毎月7000円浮くとわかっていても、面倒くさくて先延ばしにしてしまうんです。そんな井上くんに、覚えておいてほしい言葉があります。

？？？

それは、**「〝メンドウ〟は高くつく」**です。これ、しっかり覚えておいてください。

「〝メンドウ〟は高くつく」？　どういう意味ですか？

世の中は、〝メンドウ〟をラクにすることでビジネスが成立しています。例えば、飲み会で帰りが遅くなったとき、まだ終電に間に合うのについタクシーに乗ってしまうのは面倒くさいからですよね。

たしかに。僕も、買いに行くのが面倒なときは配送料を払ってウーバーイーツに頼ったりするなぁ……。

〝メンドウ〟なときに、ちょっとでもラクできる方法があれば、人はお金を払います。逆に言えば、〝メンドウ〟だと思ったときに、ぐっと我慢ができれば、余計なお金を支払わなくてすむんです。

「面倒くさい」と思ったときこそ、節約のための頑張りどころってことか！

保険料を見直そう

保険と貯金は〝混ぜるな危険！〟

次は「保険料」ですね。

井上くんは今、どんな保険に入ってますか？

生命保険に入ってます。

その保険を選んだ理由は？

え〜っと、保険会社の人にすすめられたものをそのまま……。

……。

もう、呆れたときにいかにも「呆れた」って顔するのやめてくださいよ〜。

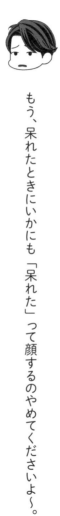

ごめんごめん（笑）。

（先輩の笑顔、尊い……！）

いろいろな考え方がありますが、今の井上くんであれば、生命保険に加入する必要はないと思います。中でも死亡保険は、独身の井上くんには必要ありません。もし、結婚して家族ができたときに、どうしても不安なら、ネットの掛け捨て保険（死亡保険）を検討すれば良いと思いますよ。

僕が入っている生命保険は、たしか貯金もできるタイプだったような……。

図 2

任意加入できる生命保険

リスクに備える

死亡保険
保険がかけられている人（被保険者）が死亡したときなどに支払われる保険。一般的には、残された家族を経済的に支えるための保険

- **■定期保険**
  保障される期間が限られている死亡保険
- **■終身保険**
  保障される期間が一生涯続く死亡保険
- **■定期付き終身保険**
  大きな保障が必要な時期（子供の養育費など）だけ、「定期保険特約」で保障を厚くし、その時期が過ぎると「終身保険」で長く保障を得る保険
- **■収入保障保険**
  保険金を分割で受け取れる保険

貯金もできる

養老保険
死亡保険と貯蓄の両方の機能が備わっている保険。満期まで生存すれば、満期金が受け取れる。満期までに亡くなった場合は、満期金と同額の死亡保険金が受け取れる

学資保険
教育資金を準備するための保険。満期まで親が生存していれば「満期金」が、満期までに亡くなった場合には「保険金」が給付される

（参考：楽天生命HP「生命保険は 4 種類！知っておくべき特徴と注意点」）

保険と貯金の両方の機能があるタイプで、養老保険とか、貯蓄型保険なんて呼ばれているものですね。でも、「保険と貯金は混ぜるな危険！」。**保険は保険、貯金は貯金で自分で別々に管理したほうが効率が良い**んですよ。

混ぜるな危険？　どういうことですか？

この手の保険は、毎月の保険料は高くても保険金や給付金（被保険者が受け取るお金）が少ないのが特徴です。保険機能と貯蓄機能が合わさることで保険料が高額になるんです。

たしかに、貯金もできるならいいかと思っていたけど、月々の保険料の支払いって結構負担なんだよな……。

そもそも保険って、「不幸が起きて初めてお金がもらえる」システムなんです。病気やケガなど、自分が不幸にならなければお金はもらえません。

言われてみれば……。

その一方で、**自分で貯金していれば、そのお金は自分が幸せになるためのお金にもなります。**

〝自分が幸せになるためのお金〟かぁ。不幸に備えるより、幸せのために使うお金と思ったほうが、貯金したくなるな。

そうでしょう？　だから、保険と貯金はまったく別物として考えるのが原則です。高い保険料を払うより、その分貯金したほうが良いんです。

世界最強？　日本の国民皆保険

でも、病気やケガの可能性は今からでも十分あるし、入院や手術をすることになったらと思うと、ちょっと不安だな。

それは医療保険の範囲ですね。実は、医療保険は公的医療保険でかなりカバーできます。井上くん、毎月給料から健康保険料が天引きされているのは知っていますよね？

もちろん！　病院で治療を受けたときの医療費が、3割負担ですむっていう保険ですよね。

そのとおりです。日本は「国民皆保険」の国なので、基本的に国民全員が公的保険に入ることが義務付けられています。これって、すごいことなんですよ。

そうなんですか？

どの国にもこの制度があるわけではないですからね。さらに言うと、**日本の健康保険は世界的に見ても充実していて、「世界最強」**とも言われています。

世界最強!?

例えば、盲腸の手術をして１日入院した場合、日本でかかる費用は、医療費やその他の費用を含めて30万円程度（※１）。でも、ニューヨークだったら１４０万円とも言われています。

えっ、そんなに違うんだ。

全額自己負担だったら、ものすごく高額になりますよね。

日本人でよかった……！

しかも、日本は自己負担額にも上限があるんですよ。

それって、一定額を超えた分は払わなくて良いってことですか？

そのとおり。高額療養費制度を使えば、負担額はだいたい10万円ぐらいですみます（※2）。つまり、窓口で3割負担の30万円を払ったとしても、差額の約20万円はあとで戻ってくるんです。

すごい！　でも……。

まだちょっと不安そうですね。

正直言うと、一時的とはいえ最初に窓口で払う30万円がキツいかなって……。

そう言うだろうと思っていました。でも大丈夫です。事前に「限度額適用認定証（※3）」の交付を受けておけば、窓口で支払う金額は最初から10万円くらいですみます。必要なときは、病院に相談すると良いですよ。

そんなありがたい制度があるんですね。

それでも公的医療保険だけでは不安なら、ネットで掛け捨ての医療保険に入るのが良いと思います。

わかりました！

ちなみに、自動車保険や火災保険などの損害保険は公的保険でカバーされないので、必要なものがあれば選んで入っておくと安心ですよ。

P50※1　「医療費+その他費用」の概算

P51※2　上限額は年齢や所得によって異なります。

P52※3　事前に申請が必要です。申請方法は被雇用者保険と国民健康保険で異なります。

図3

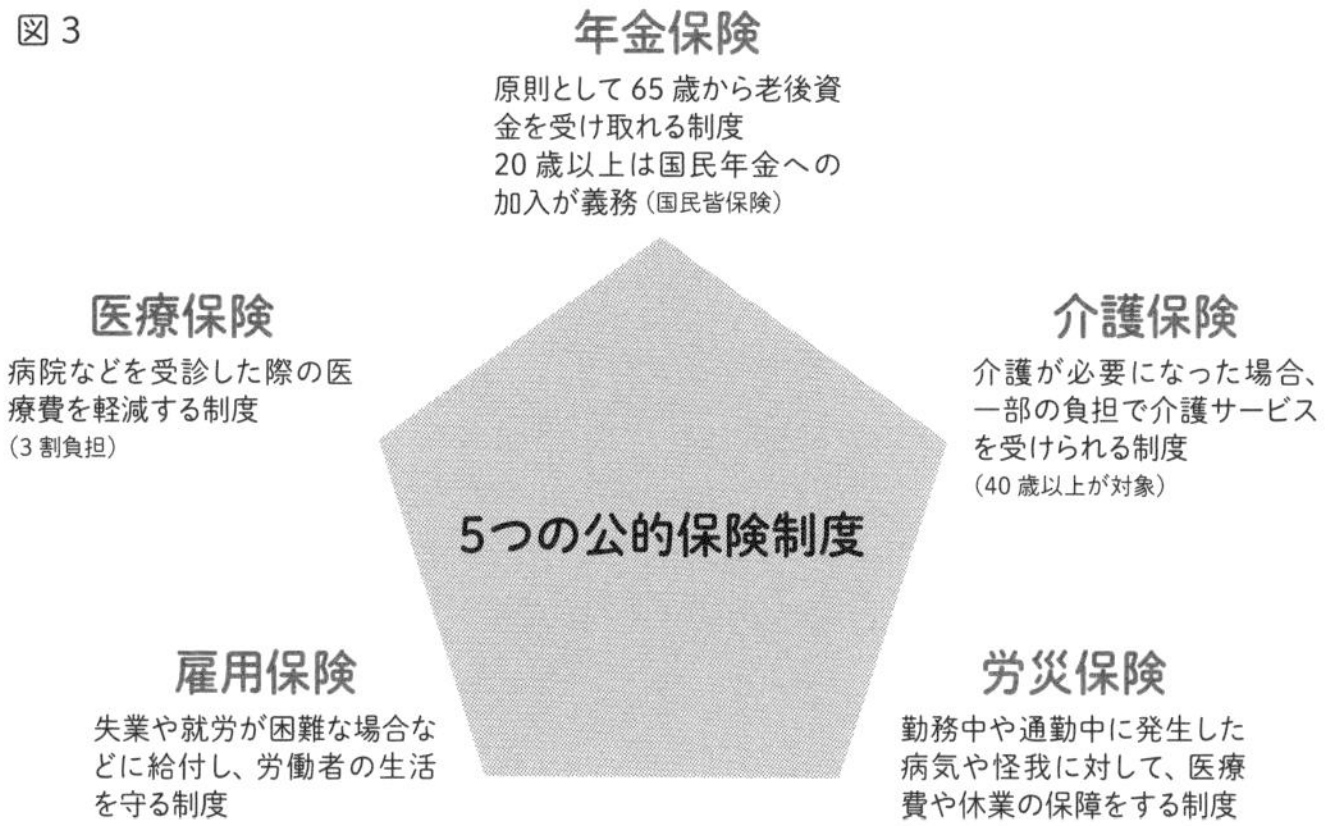
5つの公的保険制度
年金保険
原則として65歳から老後資金を受け取れる制度
20歳以上は国民年金への加入が義務（国民皆保険）
介護保険
介護が必要になった場合、一部の負担で介護サービスを受けられる制度
（40歳以上が対象）
労災保険
勤務中や通勤中に発生した病気や怪我に対して、医療費や休業の保障をする制度
雇用保険
失業や就労が困難な場合などに給付し、労働者の生活を守る制度
医療保険
病院などを受診した際の医療費を軽減する制度
（3割負担）

サブスクを見直そう

サブスクも、チリも積もれば山となる

井上くんは、何かサブスクをやっていますか？

もちろんですよ〜。音楽やドラマ、映画はサブスクだし、あと、スポーツジムにも入会してます。

たくさん入っていますね……。料金に見合った使い方をしていますか？

う〜ん、月によるかな。仕事が忙しかったりすると、月に1本も映画を観ていないこともあったり。

サブスクって、毎月自動的に料金が引き落とされていくから、「お金を使った」という気にならないんですよね。

そう、そうなんです。

あまり使っていないサブスクは解約しないんですか？

やめようと思っても「解約の手続きは10日まで」とか言われると、「今急いで解約するより、来月まで待ったほうがいいかな」とか考えちゃって。あとは、単純に手続きが面倒で……。

出ましたね、井上くんの面倒くさがり。

あっ！！！

「〝メンドウ〟は高くつく」、ですよ。その面倒くささを乗り越えることも、お金を貯めるコツ。ひと月分の料金は1000円くらいでも、1年経てば1万2000円。

結構、大きな出費になってる……。

「サブスクをやめなさい」というわけではないですが、せっかくお金を払っても月に1回も使わないのはもったいないです。**ほとんど利用していないサブスクがあれば、今すぐ解約して「固定費の見直し」**をしてください。

わかりました！　じゃあ先輩、月末になったら僕に「サブスクは解約した？」って聞いてくれません？

私をリマインダーにするつもりですか？

……バレたか。

調子の良いこと言っていないで、今すぐ実行してください。

は〜い。

お金は〝積極的に〟増やそう

お金の流れを「ざっくり把握」する

「お金を貯めるためには大きな支出を減らすことが大事」だということはよくわかりました。僕の場合は、スマホのキャリアを見直すことが最優先課題かな。あと、「面倒くさがり」をもうちょっと直さないと……。

面倒くさいのは最初の一歩を踏み出すまで。それさえクリアすれば、あとはそれほど苦ではありませんよ。頑張って。

先輩が応援してくれるなら頑張ります！　でも……。

でも？

まだ問題が……。

（だいたい予想はついていますが……）何でしょう？

せっかく固定費を見直してお金が浮いたとしても、僕の場合、何か対策しておかないと、何も考えずに使ってしまう気がするんです。

だと思いました。

え？

いえいえ……。井上くん、良いところに気がつきましたね。

よかった〜。また先輩に呆れられるんじゃないかって、正直緊張してたんですよ。

そんなのお見通しです。井上くんが知りたいのは「浮いたお金を使ってしまわないための対策」ですね。

そう！　そのとおりです。

方法としては、いたってシンプル。まずは、**1カ月の貯金額を決める**ことです。

え？　いきなり貯金額を決めるんですか？　使った金額を把握するとかじゃなくて？

ほとんどの人は、1カ月の生活費を把握することが重要だと思っていますが、実は間違いなんです。例えば、来月から給料が5万円上がると言われたら、井上くんはどうしますか？

う〜ん、それならちょっと生活に余裕ができそうだし、スーツを買い替えたいかも。ずっと狙ってた良いスーツがあるんですよねえ。

それがダメなんです。

え？

人はお金があればあるだけ使ってしまう傾向がある(※)ので、給料が上がると、ほとんどの人は貯金するのではなく、生活レベルを上げることを考えます。でも、高いスーツを買えば、今度はそれに見合った靴やネクタイがきっと欲しくなります。これでは生活費が高くなるばかりで、いつまでも貯金はできません。

た、たしかに……。

だから、**先に貯金額を決めてまず貯金。そして、残ったお金で生活するべき**なんです。

給料をもらったら、まず貯金

まず、2つの口座を用意します。1つは給料が振り込まれたり、固定費が引き落とされる口座。もう1つは、貯金用の口座です。

口座は2つですね。わかりました。

給料をもらったら、まずは1カ月間に貯金する金額を決めます。例えば、1カ月に2万円と決めたら、2万円を貯金口座に移します。

貯金するお金は別にしておくんですね。

そのうえで、生活費を設定します。

生活費の設定？　それって結局「家計簿をつける」っていう話になるんじゃ……？

まあそう先を急がずに。大前提として、私は家計簿はつけなくていい派です。細かい支出は無視しても良いと言いましたよね。

小さな出費は無視して、大きい支出だけにフォーカスしろって……。

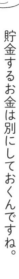

そう。だから、**1カ月に使ったお金を把握するのも、1円単位の細かい出費を確認する必要はありません。「ざっくり」で良い**んです。

ざっくりで良い……？

この段階では、「とりあえず」の額で大丈夫です。

貯金額はどうやって決めたらいいですか？

毎月支払う固定費はわかっているので、給料から固定費を引いた残りの金額が、「貯金額＋生活費」になります。この残りの金額から、例えば「貯金に2万円、生活費に5万円」などとざっくり設定しましょう。

なるほど。

そして、**先に貯金する額を貯金用口座に入れてから**、設定した生活費でとりあえず1カ月生活してみます。

もし生活費が足りなくなったら、どうしたら良いですか？

途中で生活費が足りなくなれば、無理せず貯金口座のお金を使ってOK。そうやって数カ月過ごしてみます。足りなければ生活費を増やしたり、使いすぎていないかを見直したり……。すると、1カ月に貯金できる金額と、必要な生活費がだんだんわかってきます。

最初からガチガチにルールを決めてしまうのではなくて、ダメなら見直しながら決めていくってことですね。

そういうこと。

たしかに、これなら家計簿をつけなくても良いですね！

「給料ー貯金＝余ったお金」で生活を

重要なのは、「給料をもらったら、まず貯金する」という習慣をつけること。

余ったお金を貯金じゃダメなんですか？

ダメです。

そんなキッパリ……（汗）。

そもそも、「何か対策しておかないと、余ったお金も使ってしまう」と言ったのは誰でしたっけ？

うっ……。

世の中のほとんどの人は、「給料－生活費＝余ったお金を貯金」と考えます。でも実際は、口座にあるだけ使ってしまうもの。そうなる前に、給料をもらったら、先に貯金したい額を貯金口座に移しましょう。**「給料－貯金＝余ったお金で生活」というのが、お金を貯めるゴールデンルール**です。

たしかに、口座の残高が多いとつい安心して使っちゃうんだよな……。でも貯金口座を別にして、あらかじめお金を移しておけば防げるかも。一度入れたお金を切り崩すのはなるべく避けたいし。

最初から「5万円貯金するぞ！」と意気込む必要はありません。5000円でも、1万円でも、とにかく貯金額を設定して、先に振り分けておくこと。そのうち貯金が増えるのが楽しくなって、「今月はもう少し増額できるように頑張ろう！」という気持ちになってきますよ。

やってみます！

そして、**貯金できる金額が見えてきたら、貯金額は基本的に変更しない**こと。
ボーナスをもらったり、給料が上がったりしたときは、設定金額を上げることも忘れずに。

※P63 パーキンソンの法則……支出の額は、収入の額に達するまで膨張する

お金の置き場所を考えよう

「とにかく銀行」は思考停止ワード

さて井上くん、毎月一定額の貯金ができるようになったら、そのお金はどうします？

銀行に預けます（即答）。

……。

でた、またその微妙な反応！　他に良い考えがあるんですか？

お金をどこに置くかで、お金の増え方が全然違うんですよ。井上くんは、今のメガバンクの金利って、どのくらいか知っていますか？

0・01％ぐらいでしたっけ？　かなり低いってどこかで見たような。

残念ながら、もっと低い0・001％です。100万円預けても、1年で利子は10円。

えっ、それじゃATMの手数料の1回分にもならないじゃないですか！

そうですよ。一生懸命貯金しても、残念ながらほとんど増えません。それどころか、手数料で貯金が減ります。どうせなら、ちょっとでもトクしたくないですか？

そりゃあもちろん！　とはいえ、銀行以外に預ける場所って……？

私の場合、**すぐに使う予定のないお金はすべて、証券会社の口座（証券口座）に入れています。**

証券口座？　何だか、いきなりハードルが上がった感じがするんですけど……。

そんなことないですよ。井上くんは「NISA」という言葉を聞いたことはありませんか？

あ、あります！　友達も始めたって言ってました。

「NISA」は、証券口座の一部です。詳しい話はあとでするので、ここではまず「銀行よりお金が増える可能性が高い場所」としてとらえてください。

わかりました。

証券口座にお金を保管する理由

証券口座にお金を保管する理由は2つ。1つ目は、自分の手が届きにくいところにお金を置いておくことで、簡単にお金が使えなくなるから。

たしかに、銀行口座にお金を入れておくと、財布にお金がなくても「ATMで下ろせばいいや」って思っちゃうんだよな……。でもATMの手数料って地味に痛くて、毎回ちょっと「もったいないな」と思いながら下ろしたりして。その点、証券口座はどうやってお金を下ろすかもわかりません。

そこがポイントなんですよ。物理的に「お金が使えない」状態にしておくのも、余計なお金を使わないコツです。

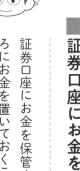

なるほど。

2つ目は、証券口座の「NISA口座」から投資すれば、利益が出たときに非課税になるおトクな制度があるから。

その話は、僕にはまだ早いような気もするんですが……。

いえいえ。井上くんは、「お金を貯めてからじゃないと投資はできない」と思っていますよね？

そりゃそうですよ！

決してそんなことはないんですよ。私は、**「貯めてから投資」より「いきなり投資」もアリ**だと考えています。

いきなり投資!? それってかなり無謀なんじゃ……。

「投資」というとリスクを考える人が多いと思いますが、実は貯金も投資の一部なんです。なぜ私がそう考えるかは、このあと詳しくお話ししますね。

よろしくお願いします!

仕事も貯金もスマートに。
これが私の流儀です

「大手銀行じゃなくてネット銀行でしょ!

あるアンケートによると、新入社員が口座開設した銀行のおよそ6割が大手銀行だそうです。また、その銀行を選んだ主な理由は、「会社からの指定」「店舗が近い」「便利」でした。銀行口座を開設する機会はそう多くありませんから、そのままメインバンクとして使い続ける人も多いと思われます。

しかし最近は、手数料の安さからネット銀行を使う人が増えています。今は、100万円預けても10円の利子しかもらえません。もはや銀行の手数料を、必要経費として無視できない時代です。

ネット銀行は、ATMの「出金手数料」や「振込手数料」が、月に数回無料が当たり前の世界です。店舗を持たず運営コストが安いので、手数料を無料にしても採算が取れるのです。

また、投資を考えているなら、同系列のネット証券があるネット銀行を選ぶのをおすすめします。というのも、手数料がさらに安くなったり、出入金が簡単になるなどメリット満載だからです。

かしこく銀行を活用するために、ネット銀行の口座も、開設してみてはいかが?

CHAPTER 2

「貯めるだけ」じゃもったいない！これからは投資が必須の時代です

証券口座を使ってみよう

銀行は「有料の金庫」

この前上田先輩が言っていた「お金を置いておく場所」の話、詳しく聞かせてもらえませんか？　たしか、銀行口座ではなく証券会社の口座がおすすめと言っていましたよね。

ちょっとずつ興味が湧いてきたみたいですね。

上田先輩の個人レッスンを受ける機会、逃すわけにはいかないですからね。

前のめりなのは良いことです。

先輩に褒めてもらえるなら、もっと頑張ります！

……まず復習からしましょうか。

……はい。

証券口座にお金を置いておくのが良い理由は2つです。1つは、簡単にお金を引き出すことができないから。もう1つは、証券口座の「NISA口座」から投資すれば、非課税になるおトクな制度があるからです。

しっかりメモってあります。

さすが井上くん。

ありがとうございます!!!(大歓喜)

まず、そもそも銀行口座と証券口座の違いは何か?　という話からしますね。

助かります。

簡単に言うと、**証券口座は「お金にも働いてもらう」ことを実現する場所**なんです。

「お金にも働いてもらう」？　イメージがよくつかめないんですが……。

では、こう表現するのはどうでしょう。銀行口座は「お金を保管する場所」。それに対して証券口座は「お金を待機させる場所」。

う～ん。まだちょっとよくわからないんですが、証券口座のほうは「さらにその先」がありそうな感じですね。

そのとおり。まず銀行口座ですが、銀行はお金を「保管」する場所なので、お金を預けたらそれで終わりです。利子が付くには付きますが……。

利子？　預けた金額に対して付くお金のことですよね。

そうです。私たちが銀行にお金を預けると、その金額に対して一定の割合の利子が受け取れます。これは私たちが銀行にお金を貸して、その対価として受け取るものです。ただ……。

ただ？

対価といっても、もらえる利子はほんのわずか。銀行の普通預金の金利はかなり低い（0・001％）ので、お金はほとんど増えません。100万円預けても、利子はたったの10円。

安すぎる……。

そうでしょう。つまり、銀行にお金を預けるということは、お金を金庫に「保管する」のとほぼ同じ。むしろ、**手数料が取られるので、「有料の金庫」と言ったほうが良い**くらいです。

証券口座で投資の準備

証券口座は違うんですか？

証券口座にお金を入れておけば、そのお金を投資に使うことができます。

出たな、投資！　若干の拒否反応が……。一応、投資の意味も確認して良いですか？

はいはい。投資とは、株やファンド（投資信託）などを購入して、値上がり分を利益として得たり、配当金を受け取ったりすることです。

ちょっと用語に不安はあるけど……だいたいイメージどおりでした。

投資については、あとでもっと詳しく説明しますから、安心してください。

さすが先輩！　細やかなフォロー！　助かります！

投資をすると、ただお金を銀行に預けっぱなしにするよりも、お金が増える可能性があります。もちろん減ることもありますが、この**「お金が増える可能性がある」**というのが、銀行口座と大きく異なる点です。

お金が増える可能性……。

証券口座にお金を入れておけば、いつでも投資ができます。つまり、**お金を預けると同時に、投資の準備ができる**ということです。

なるほど！

「投資」のイメージを変えよう

投資のための準備は必要？

でも、「投資」って言われると、やっぱりハードルが高い気がします。

井上くんの気持ち、わかりますよ。経験したことがないものは、誰しも不安を感じるもの。たぶん今、「投資に手を出すのは、もっとしっかり準備してからのほうが良いんじゃないか？」って思っているでしょう。

はい……。お金に余裕のない僕が、いきなり投資なんて無理があるんじゃないか？　っていうのが正直な気持ちです。まずは最低限のお金を貯めて、ある程度勉強もしていないと、失敗するんじゃないかって……。

井上くんの言うことはごもっともですね。でも、井上くんはこの前、固定費を見直して、貯金をするための土台ができていますよね。

まだ貯金と言える額は貯められていないですけど……。

最初はそれで大丈夫です。井上くんの言うとおり、投資は余剰資金でやるべきです。だから、**証券口座には、当分使わない「余剰資金」を入れること**。では、余剰資金を生み出すためにできることは何かというと、まずは「毎月どのくらいの貯金ができるか」を決めることです。

それって、この前教わったことですよね（64ページ）。

そういうこと。井上くんはすでにこの第一段階をクリアしているので、次はそのお金を証券口座に入れて、投資を始める準備にとりかかりましょう。

う～ん……。余剰資金とはいえ、いきなり投資に回すのは正直怖いです。例えば給料の3カ月分を貯金して、それから投資っていう考え方もありますよね。

井上くんのように、普段はズボラなくせに変なところで真面目な人は、あらかじめまとまったお金を貯めたり、勉強をしておかないと不安になるかもしれません。

ねえ待って。僕ひょっとして、今ディスられてます？

そんなことありませんよ。

うーん、まあいっか……。

たしかに、リスクがないとは言い切れませんし、慎重になるのは大切なこと。でも、投資に関して言えば、**実践して学ぶほうが効率的**だと思います。

いきなり実践かぁ。でも、せっかく貯めたお金が減ってしまう可能性もありますよね？　怖いなぁ……。

もちろん、投資ですから減る可能性もありますが、投資は長期で考えることでリスクを軽減させることができるんです。

そうなんだ……。

「時間」という価値を見逃すな

まだまだ井上くんが不安そうなので、もう少し別の見方で「投資」をすすめる理由について説明しましょうか。

はい！　お願いします。

井上くんは先ほど、「投資のための準備が必要」と言っていましたね。たしかにそのとおりですが、準備を完璧にしようとして、投資を始められない人が多い

のも事実。それってかなりもったいないことなんです。つまり、準備をしている間に**増やせるはずのお金を増やす機会を失っている**。投資の機会損失をしているんです。

え？

あるアンケートによると、投資に取り組まない理由ベスト3が「資金がない」「知識がない」「損しそうで怖い」だったそうです（※）。

まさに僕が考えていたことと同じだ……。

そうやって先延ばしを繰り返すことで、時間というレバレッジを使えずに老後を迎えてしまう人もいます。

これからはお金にも働いてもらう時代だ！

老後のために2000万円は必要、というニュースも話題になりましたよね。

いきなり老後のために2000万円準備しろと言われても、簡単なことではありません。

ですよね。

だからこそ、今から考えておく必要があるんです。

目の前のことに必死なのに、もう老後って……（泣）。気が遠くなるなぁ。

もちろん、投資しなくても、年々給料が上がる時代ならどうにかなるかもしれません。でも、給料は上がっていませんよね。

そうなんですよね……。

実際、日本の賃金は30年以上横ばいです。ほら（図4）。

P95※「国民のNISAの利用状況等に関するアンケート」（2016年2月）

図 4

主要国の平均賃金（年収）の推移

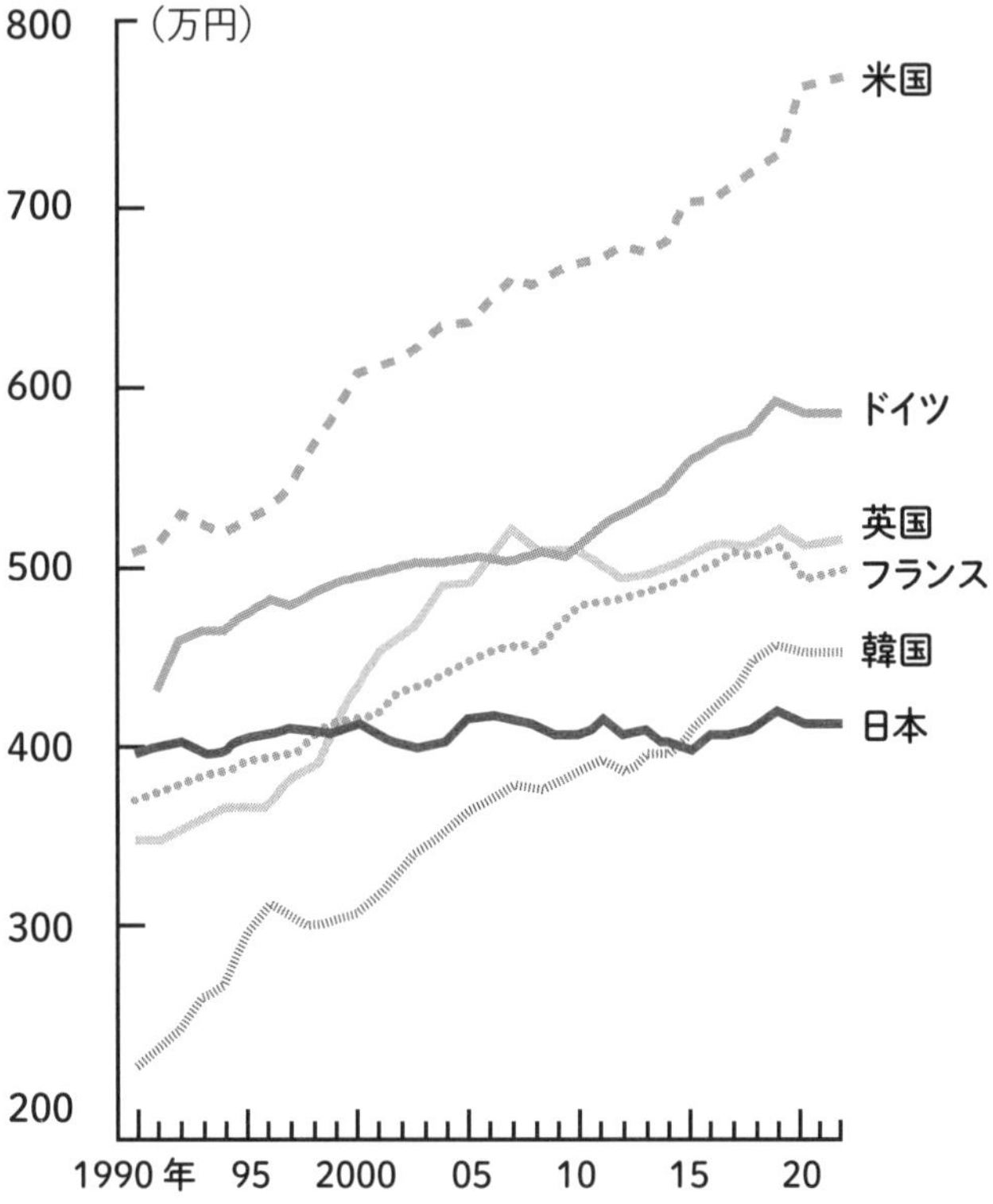

（OECD データ〈2021〉をもとに作成）

ホントだ……。日本以外は、右肩上がりなんですね。アメリカは日本の約2倍か。韓国にも抜かれてる……。

現在の日本の景気は良くないし、30年低迷しているので、この先急に上がるとも思えません。

想像以上に深刻だ……!

そう。だから、**これからの時代は、「収入が給料だけ」というのは、リスクでしかない**。会社の給料だけに頼っていてはダメということです。「自分だけが働く」というスタンスでは、結構しんどい。

「自分だけが働く」だけじゃダメ?　じゃあどうしたら良いんですか?

「給料以外の収入源を持つ必要がある」ということです。そして、新しい収入源を確保する手段の1つが「投資」です。

投資は、新しい収入源……。

そう。**自分だけが働くのではなく、投資することで「お金にも働いてもらう」**という発想なんですよ。

お金にも……？

「r>g」《アール大なりジー》の法則を知ろう

ピケティが予測する未来図

井上くん、もう1つ良いことを教えますね。

ぜひお願いします。

フランスの経済学者、トマ・ピケティは、2013年に発表した『21世紀の資本』で、世界20カ国以上の200年におよぶデータを集計した結果、「r>g（アール大なりジー）」という法則を見出しました。

ちょ、ちょっと待ってください。急に話が難しくなったような……？

そう言うと思って、図を用意しましたよ（図5）。

さすが、仕事のデキる男……！

図5

r > g

資本収益率（お金を生む資産の増加率）

経済成長率（給料の増加率）

「r」は資本収益率を、「g」は経済成長率を示します。ただ、ここでは、よりわかりやすいように「r」は「お金を生む資産の増加率」、「g」は「給料の増加率」として考えることにします。

「給料の増加率(g)」よりも、「お金を生む資産の増加率(r)」のほうが大きいってことですね。ふ～ん、なるほど。

井上くん、わかったような顔をしていますが、読んだだけですよね？

うっ……バレたか。

バレバレです。

で、この式は何を意味してるんですか？

簡単に言うと、「**給料が上がる比率よりも、投資して増えるお金の比率のほうが大きい**」ということを表します。

えっ？　真面目に働いても？

労働して得るお金と、資産が生むお金の増え方が違うんです。ピケティの『21世紀の資本』によると、投資をしている人が資産を雪だるま式に増やしていくのに対して、労働者は給料が増加した分しかお金を得ることができない。それが経済格差になっていると言っています。

そんなあ〜。

さらにこの格差はこれからも広がり続けると予測されています。

経済格差は「他人事」ではない

経済格差か……。

アメリカでは、富の一極集中が問題になっていて、抗議デモも行われています。日本の格差は世界平均以下で、アメリカの格差ほど深刻ではありません。でも、日本も例外ではないんですよ。

日本も？

先ほどの図4（98ページ）を思い出してください。日本の平均賃金はどうなっていましたか？

ほとんど増えていなかったような。

そう。日本経済がさほど成長していないので、平均賃金が増えていないんです。
つまり「g（給料の増加率）」が横バイの状態。

え〜と、「r>g」のうち、「g」が横バイということは……。

この状況では、投資をしている人とそうでない人の格差はさらに広がっていくということです。

「g」がダメなら「r」を増やすしかないってことか……。

そのとおり。でも、今の日本で、収入を増やす手段として注目されているのは、副業や転職、資格取得など。これらはすべて「g（給料の増加率）」を増やすことが目的なんですよ。

たしかに。

ピケティが見つけた法則が今後も成立するなら、これからは「r（お金を生む資産の増加率）」を増やす手段を考えなくちゃいけない。それができるのが投資です。

それじゃあ、投資するしかないじゃないですか！

そういうこと。**経済的に豊かになりたいなら、優秀な労働者になると同時に、資産家になったほうが良い**ことが、ピケティによってすでに証明されているんです。

「よくわからないから投資はやらない」なんて言っている場合じゃないですね。

そのとおり。

自分も働く、お金も働く

世の中には2つの投資がある

だんだん、自分の状況がいかにマズイかがわかってきて、焦ってます……。投資の方法、今すぐ教えてください！

まあまあ、そんなに焦らなくても良いですよ。具体的な方法を教える前にもう1つ。世の中に「投資」は2種類あるのですが、何だと思いますか？

うーん。株と……不動産とか？

いえいえ、そういうことではありません。**2つの投資とは、「資産への投資」と「自分への投資」**です。

「資産への投資」っていうのは、ここまで上田先輩に教わってきた「お金にも働いてもらう」という話ですよね。

そう。『金持ち父さん 貧乏父さん』でおなじみ、ロバート・キヨサキは、「資産とは、あなたのポケットにお金を入れてくれるもの。それ以外は資産ではない」と言い切っています。

もう少し具体的に聞いても良いですか？

「資産」で一番わかりやすいのは、株への投資ですね。反対に「資産ではない」、つまり「負債」は、例えば、自分へのご褒美として購入する高級時計、高級車などです。

高級時計とかも資産かと思ってました。

高級時計は、井上くんのポケットにお金を入れてくれますか？

最悪、売ったらお金に変わるかなって……。

そのときの売値は、おそらく購入金額よりも低い金額になりますよね。お金に代えることができたとしても、マイナスならそれは「負債」です。

なるほど、そういうことか。

株のように、お金を生むものが「資産」です。

「自分に投資」も必要

それから、もう1つの投資ですが……「自分への投資」？　資格を取るとか、技術を身につけるとかのことですか？

そうです。実は、**世の中で最も確実なリターンが見込めるものは、「自己投資」**なんですよ。

確実なリターン？　正直コストもかかるし、タイパも悪いイメージですけど……。

例えば同じ会社で頑張って働いて、昇進して給料を上げるのは、あまりにも時間がかかります。それに、会社の業績によって収入が減ることもあります。一方、多少は時間がかかるけれど、「自己投資」によって資格や技術を習得すれば、転職で給料がアップする可能性が広がります。

そういうことか……。

今、自己投資に積極的な人が増えています。日常生活で、資格や転職の広告を見かける機会が多いと思いませんか？　つまり、それだけ需要が高いってことです。

テレビや電車の広告でも見かけますね。そういえばYouTubeでも、転職サイトのCMを結構見かけるなぁ。

若いうちにこそ「自己投資」はやったほうが良いです。資格や転職以外にも、本を読んだり、旅行に行ったりして感性を磨くことが、仕事に活きることもありますから。

僕にもあります。取引先の人と海外旅行の話で盛り上がったら仲良くなって、そのあと急に仕事がしやすくなったりとか。

井上くんは、相手の趣味から話を盛り上げるのが上手ですよね。

スポーツ、旅行、映画に本、何でもウェルカムです。

そういう「会話の引き出し」をつくっておくのも良いことです。ただ、これらはすべて「自分が働いてお金を稼ぐ」ことにつながります。**これから身につけたいのは、さらに「お金にも働いてもらう」という発想**です。

資産への投資、ですね。

資産への投資は、自己投資をしながらでも並行することができます。さあ、いよいよ次は具体的な話をしましょうか。

よろしくお願いします！　あ、その前に、先輩ともっと仲良くなりたいので、先輩の趣味の話もしませんか？

私の趣味？　もうしてるじゃないですか。

え?

お金の話をするのは楽しいですよ?

そ、そうだった……。

他の趣味……？
早朝のランニングでしょうか

「投資はギャンブルではない!

投資とギャンブルの違いは諸説ありますが、最もわかりやすいのは「胴元」がいるかいないかで判断する方法です。ギャンブルには必ず胴元(=主催者)がいて、集めたお金から運営費を差し引いて、残りを当選者に分配します。つまり、胴元は損をしない仕組みになっているのです。一般的に、胴元の儲けは、パチンコで10~20%、競輪、競馬、ボートなどの公営ギャンブルで25%程度、宝くじで55%です。

多くの人は、宝くじをギャンブルだとは思っていないでしょう。でも、「胴元がいて、集めたお金からまずは運営費を差し引いて当選者に分配する」という〝ギャンブルの見分け方〟に当てはめれば、宝くじは立派なギャンブル。しかも、パチンコや競馬よりも胴元の取り分がはるかに多いのです。イメージって、本当に怖いです。

さらにギャンブルと投資の大きな違いを挙げるなら、投資には成長性があるという点。経済が成長・拡大することで株価が上がります。投資をして減る危険性はあるものの、運用次第では増える可能性もあります。しかも、「運任せ」ではなく、自分の意思で選ぶことができます。ハイリスクハイリターンのものから、ローリスクローリターンのものまで、バリエーションも豊富です。

CHAPTER 3

これが二大原則！投資は「長期」と「分散」がマストです

投資の二大原則①
長期で取り組もう

投資は長くやってこそ価値がある

さて、ここからは具体的に「お金にも働いてもらう」ことを実現するための話をしていきます。

待ってました！

投資には「長期」と「分散」という、重要な2つの原則があります。

「長期」と「分散」ですか……？

それぞれシミュレーションしながら、どうして「長期」と「分散」が重要なのかを説明していきますね。

1つ目は「長期」ですね。

一般的に投資は、若いうちから始めたほうが良いと言われます。その理由は、**投資期間を長く設定できるから**です。

30歳目前の僕でも大丈夫ですか？

もちろん。例えば定年まで投資を続けるとして、60歳まで30年もあるんですから、時間は十分ですよ。

でも、投資期間が長いとどうして良いんですか？

例えば株価は、短期的には上下しますが、長期的には経済成長に沿って上昇する傾向があります。つまり、**長期的な視点で投資することで、短期的な株価の変動に左右されず、より安定したリターンが期待できる**んです。

たしかに、株価が下がるたびにヘコんでたらメンタルがもたないかも……。

精神衛生的にも、長期で保有するメリットは大きいですね。あと、忘れてはならないのが、「**複利効果**」。

ふくり？

初めて聞きました？

し、知ってますよ？　名前ぐらいは……（汗）。

アインシュタインが認めたすごいやつ

「複利」とは利子の付き方のこと。これを説明するには、「単利」と比較してみるとわかりやすいので、まずは「単利」の話からしますね。

ありがとうございます！

例えば、「単利10％」というのは、元本が100万円だとすると、それに対して10％の利子が付くということです。金額で言うと10万円（100万円×10％＝10万円）。この場合、1年後の資産は合計110万円になります。

はい、わかりやすいです。

2年後も同じように元本の10％が増えるので、110万円＋10万円で合計120万円になります。さらに3年目は130万円、4年目は140万円……と、毎年10万円ずつ増えていくのが「単利」です。

「複利」だとどうなるんですか？

「複利」は、元本と利子に対して利子が付きます。例えば「複利10％」の場合、1年目は元本の100万円に利子10％がついて110万円になる。ここまでは「単利」と同じです。

図6

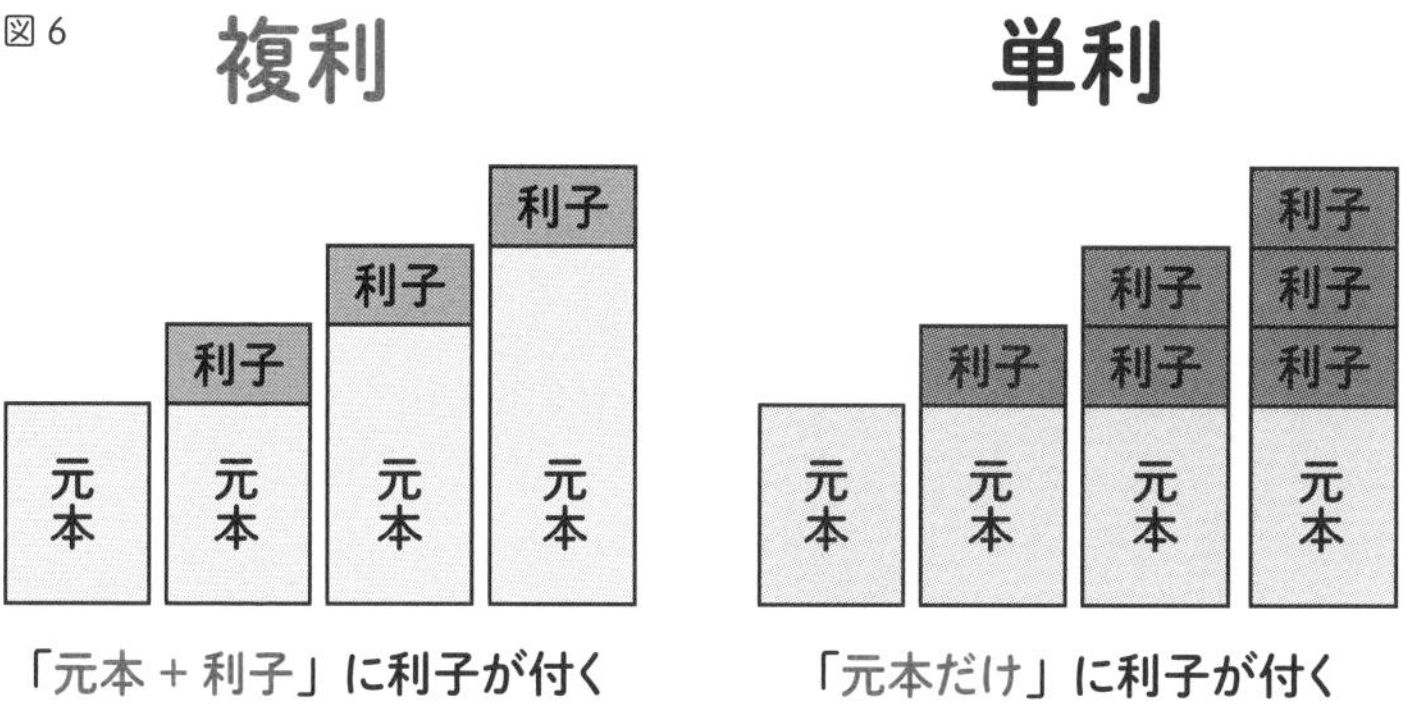

「元本＋利子」に利子が付く

「元本だけ」に利子が付く

2年目は？

2年目は110万円に10%の利子が付きます。つまり、「元本+利子」に対して10%の利子が付きます。計算すると121万円。単利と比較するとわずか1万円の違いですが、これが10年、20年と積み重なると、かなりの差になってきます（図7）。

ほんとだ！！！　時間が経つにつれてどんどん単利との差が開きますね！

かの有名な**アインシュタインが、「宇宙で最もパワフルな力」と言ったのが「複利」**なんです。

図 7

元本 100 万円に対し年間 10%の単利と複利を比較

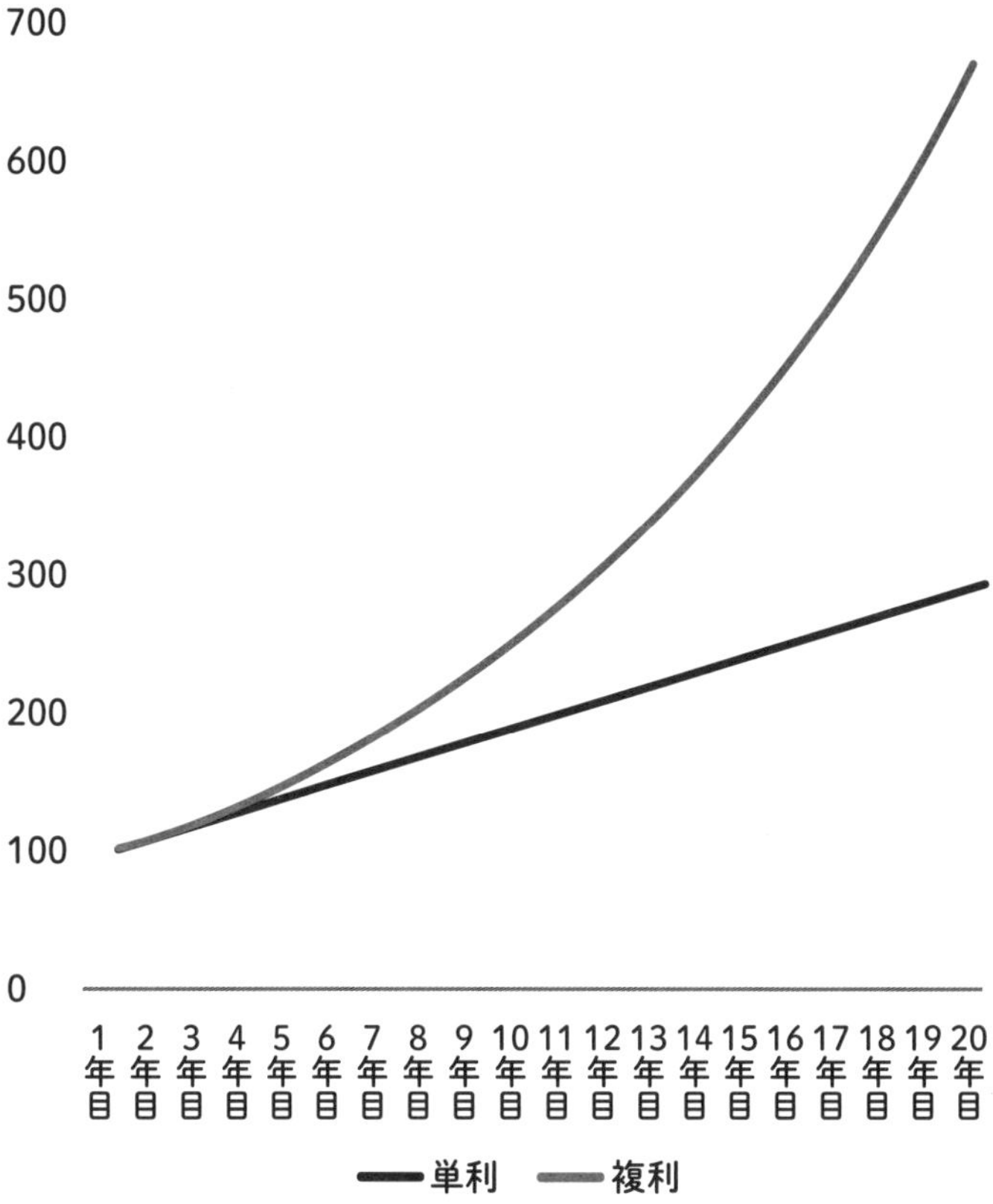

アインシュタイン先生のお墨つきか～！

「複利」は、時間が経過すればするほど、急激に増えるという特性があります。

年間10％増えたとして、100万円が「単利」と「複利」でそれぞれ20年後どうなるかというと、単利が300万円なのに対して、複利は673万円。

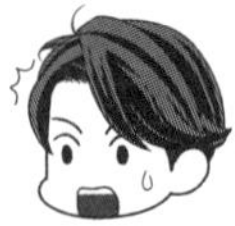

2倍以上も違う！！！

投資をするなら、この「複利の力」を最大限に活用すべきです。

ちなみに、先輩は長期ってどのくらいの期間を考えていますか？

15〜30年くらいだと思っています。

思った以上に長いですね。

ただ、長い人生何があるかわからないし、実際は途中でやめることもあるかもしれません。それはそれでよしとして、無理なく続けたいと思っています。

状況をみながら考えていくってことですね！

投資は若いうちから始めて、時間を味方につけたほうが良い。井上くんの年齢ならそれができるんです。**長期でコツコツ積み立てる。地味でおもしろみに欠けますが、それが最も効率的な投資法**と言われているんです。

30年か。30年後の先輩もダンディでかっこいいんだろうなぁ〜。先輩、30年後も一緒にお酒を飲んだりしましょうね!!!

それは……考えておきます（苦笑）。

投資の二大原則②
分散しよう

卵は1つのカゴに盛るべからず

投資の世界には、「卵は1つのカゴに盛るべからず」という有名な格言があります。

えっ？　急に卵？

これは、投資の2つ目の原則、「分散」がいかに重要かを示す例えです。卵を1つのカゴに盛っていると、そのカゴを落としたらほぼ全部の卵が割れてしまいますが、いくつかのカゴに分けておけば、1つのカゴを落としても、別のカゴの卵は割れずに残りますよね。

そりゃそうですけど……。

つまり、**1つの商品だけに投資するのではなく、複数の商品に投資したほうが、リスク分散になる**ということです。

そういうことか！

ちなみに、「分散」するべきは投資する商品だけではありません。

？？？

「時間」も分散しましょう。

時間も分散……？　もうちょっと詳しくお願いします〜！

「一括か分散か」それが問題だ！

時間の分散とは、投資のタイミングを分散するということです。これ、実際にシミュレーションしてみましょうか。

なんだかワクワクします！

図8は、A社、B社、C社の、4月から7月の株価の動きを示しています。井上くんの手持ち金額は3000円。これから、「それぞれの株を4月に買って7月に売る」というシミュレーションをやってみたいと思います。

4月の株価は、3社とも同じ100円だから、それぞれ30株買えますね。でも、7月になると株価が違うから、売ったときの利益が変わるのか……。

A社は2・5倍の250円、B社は同じ100円、C社は半分の50円ですね。井上くんは、どの株を買うのが一番利益が出ると思いますか？

それはもちろん、右肩上がりのA社でしょう？　7月になると株価が250円になるから、30株×250円で7500円。利益は……7500円－3000円で4500円。

それぞれ計算するとこうなります（図9）。

図8　**株価の推移**

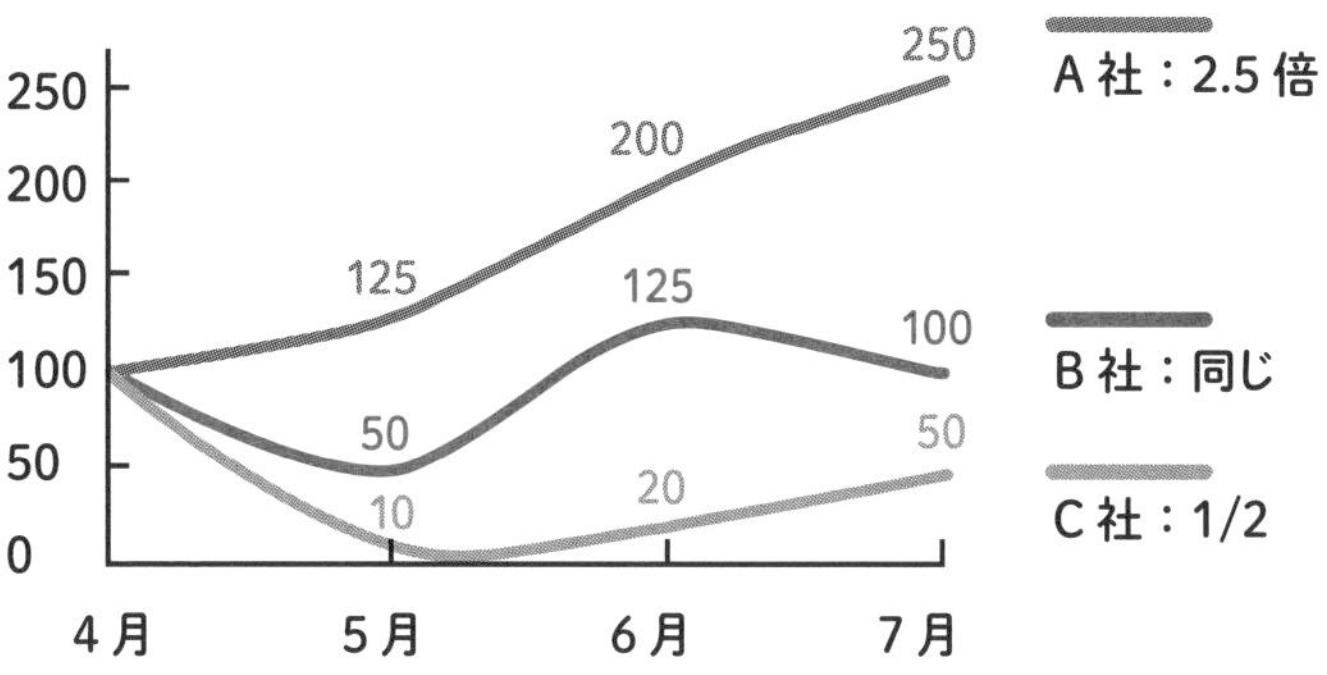

やっぱり。Ａ社が一番利益が出てますね。

買い方が変われば利益も変わる

実は、ここからがおもしろいんです。先ほど、井上くんは４月の時点で３０００円分の株を購入しましたが、今度は４月、５月、６月と分散して毎月１０００円ずつ購入してみましょう。一番利益が出るのはどの株だと思いますか？

え〜っと……。やっぱりＡ社じゃないかなぁ。

図９　**一括の場合**

	資産合計	利益
A社	7500円	4500円
B社	3000円	0円
C社	1500円	−1500円

一応それぞれの動きを確認しておくと、A社は、右肩上がりに成長して、株価は2・5倍。B社は、下がって上がりますが、結局スタート時と同じ株価に戻っています。C社は、一時は10分の1まで大きく下がったものの、その後復活して、7月の時点では4月の半分の株価になっていますね。では、一緒に確認していきましょう。

4月はわかりやすいですね。A社、B社、C社とも株価が同じ100円だから、1000円出すと10株買えますね。

では5月は?

A社は125円だから、1000円で8株。B社は50円だから20株で……、C社は10円だから100株。

そして6月は、A社が200円で5株、B社が125円で8株、C社が20円で50株です。

はい。

それぞれ4月から6月に購入した株の数を合計すると、A社23株、B社38株、C社160株になります。ここに、株を売却する7月時点の株価を掛けて計算すると、資産合計はこうなります（図10）。

あれ？？？　C社の株を買ったときが一番利益が出てる！

図10 **分散の場合**

	4月	5月	6月	7月		資産合計	利益
				数量合計	株単価		
A社：2.5倍	10	8	5	23	250円	5750円	2750円
B社：同じ	10	20	8	38	100円	3800円	800円
C社：1/2	10	100	50	160	50円	8000円	5000円

そうなんです。その理由は、C社の株価の下落幅が大きかったことが影響しています。同じ1000円でも、株価が安ければ多くの株を買うことができますよね。C社の場合、株価が下がった5月と6月に安い値段で多くの株が買えたので、最終的に購入した株の数が一番多くなりました。その結果、売却時点の株価が安くても、利益が最も高くなったんです。

そうか！　同じ金額で買うなら、株価が安いほうがたくさん買えておトクですね。

もう1つ、このシミュレーションでわかる重要なことがあるのですが、気づきましたか？

う〜〜〜ん。

ヒントは、一括で買ったときと分散して買ったとき、それぞれの3社の利益の出方に注目してみてください。

あ！！！　一括のときはA社以外は利益が出ていないけど、分散したときは3社とも利益が出てますね！

そのとおり。一括で購入した場合の利益は、A社はプラス、B社はゼロ、C社はマイナスでした。一方で、**毎月分散して購入するとすべての株がプラスになっているん**です。あくまでシミュレーション上の話ですが、分散して積み立てていくほうが、投資がうまくいくイメージができるでしょう？

おお～！　納得です！

ただ、これだけ聞くとオイシイ話のように聞こえますが、実際に株を買うとなると、それほど単純な話ではないんです。

え？

例えば、C社は株価が10分の1に激減していますよね。実際に自分のお金を使って投資するとなったら、こんなに大きく変動したらパニックになります。このまま下がり続けて、倒産でもしたらどうしようと考えるのが普通です。

たしかに。早く株を手放したいって思うかも……。

ですよね。リーマンショックのときも、同じように考える人が続出したんです。当時は「資本主義が崩壊する」とまで言われて、怖くなって多くの人が暴落した株を売ってしまいました。ところが、一部の勇気ある人や、あまり深く考えずに株を買い続けた人がいたんです。**株価が上がろうが下がろうが気にせず、コツコツ積み立てていた**んですね。

気にせずコツコツ……。

その人たちが最安値で大量の株を手に入れて、のちに景気が回復して株価が高くなったときに売ることで大きな資産を築いた……という話もあります。

あまり気にしすぎるのも良くないってことか。

極端な話、「安いときに買って、高いときに売る」。これができれば、投資家はみんな億万長者になれます。

たしかに……？

でも、人間には感情がありますから、そんなにうまくはいきません。とくに**投資に関しては「恐怖と欲」の感情が影響します**。株価が下がれば、さらに下がるのが「怖い」。だから売る。逆に株価が上がれば、まだまだ上がると「欲」が出る。だから売らない。こんなふうに、理想とは逆の行動を取ってしまうんです。

僕もそうなる自信があります。

そういうものですよ。

せっかくモチベーションが上がってたのにな〜。

この問題を解決する、いい手があるんです。

え？　早く、早く教えてください！

ユダヤ人に学べ！　「ドルコスト平均法」

株は「安いときに多く買って、高いときにはなるべく買わない」のが理想ですが、そのためには株価の変動をいちいちチェックしなければなりません。

それ、普通のサラリーマンにとってはなかなか難しいですよね。とくに僕みたいな「マメさ」のない人間には……。

株価の変動は社会情勢なども影響しますから、初心者には株を買うタイミングを読むのは難しいです。

買ったあとに株価が急激に下がったらヘコむな……。株価が気になって仕事が手につかなくなっちゃいそう……。

そうなんです。ただでさえ難しいことなのに、株価が大きく変動すれば、「恐怖と欲」の感情も増幅します。怖いからすぐに手放そうとしたり、欲が出て持ち続けたことで大損をするということもあります。

先輩、今僕の中で、投資のハードルが爆上がりしてます。

大丈夫。そうならないために、毎月一定金額の株を購入すれば良いんです。これで自動的に「安いときに多く買って、高いときにはなるべく買わない」を実現できて、平均購入単価を抑えることができます。

ん？？？

先ほどのシミュレーションを思い出してください。毎月一定の金額を分散して購入したとき、株価が安い月は買う数が増えて、株価が高い月は買う数が減りましたよね。

そうか！**毎月同じ金額で購入すれば、そのときの株価によって買える株の数が自動的に決まるから、自分で考える必要がない**んですね！

そのとおり。この「自動的に」というのがポイントです。仕事中に株価を気にして、私に注意されることもありませんしね。

な、なるほど……。

実はこの方法、「ドルコスト平均法」と呼ばれるものなんです。

どるこすと……？

商売上手なユダヤ人が編み出したと言われる、最も効率の良い株の購入方法です。

なんだか「奥義」って感じでワクワクしますね！

まさに、この方法は「ユダヤ人の奥義」かもしれません。

へえ〜！

毎月決まった金額を、長期間積み立てる。これが「ドルコスト平均法」の考え方です。

「ドルコスト平均法」かぁ。

そうはいっても株価の変動は気になると思いますが、あまり一喜一憂しないこと。先ほどのリーマンショックの話を思い出してください。「気にせずコツコツ」、長い目で見ることが大事ですよ。

覚えておきます。どうしても不安になったら、僕には先輩がついてるから安心だな。相談に行きますね！

相談料取りますよ。

先輩になら、喜んで課金します！

ドルコスト平均法のデメリット

多くのメリットが注目される「ドルコスト平均法」ですが、当然ながらデメリットもあります。ここでは、主なデメリットを3つご紹介します。

その1　短期で結果が出にくい

15年~20年という長期間で取り組むので、数年ではなかなか結果が出ず、途中で投げ出したくなることがあります。

その2　収益性が低い

135ページのシミュレーションのA社のように、右肩上がりの場合、ドルコスト平均法だと利益が少なくなります。A社の場合、一括投資したときの利益は4500円（136ページ）、ドルコスト平均法だと2750円（138ページ）になり、1・6倍の差になりました。

その3　機会損失につながる

「100万円分投資する」と決めた場合、ドルコスト平均法で毎月3万円ずつ購入すると、3年近くかかってしまいます。売買の意思決定をしなくても良い代わりに、チャンスが訪れても、「指をくわえて見ているだけ」ということがあります。

ドルコスト平均法のデメリットをカバーする方法があります。気になる方は、219ページの「コア&サテライト戦略」をチェックしてみてください。

CHAPTER 4

投資の二大原則は「NISA」で実現できるんです

「NISA口座」を開こう

投資家デビューまであと少し

上田先輩〜！　僕もついに証券口座デビューしました！

おおっ、行動が早いですね。

えへへ。この前、「時間を味方につける」って話を聞いたので、さっそくやってみました。

素晴らしい。その意気ですよ。口座開設、やってみてどうでした？

もっと複雑な手続きがあるのかと思ってたんですけど、スマホ1つで手続きできるし、思ったより簡単で拍子抜けしました。

そうでしょう？　窓口に行く手間もなければ、お金もかからないし。

銀行口座を開くのと変わらなかったです。

証券口座を開設したら、次はNISA口座も開設しましょうか。

に、NISA口座……？

「一般NISA」「つみたてNISA」って聞いたことありませんか？

最近よく聞くけど、名前からして難しそうだから避けてきたんだよな～。

井上くんが思っているほど難しくありませんよ。それに、私が教えるんですから、理解できるに決まってるじゃないですか。

すごい自信……否定はしないけど……。

「一般NISA」や「つみたてNISA」は、証券口座の中にそれぞれの口座をつくるところから始めます。

え～。証券口座があればいいってわけじゃないんですか？

そうですね。残念ながら、「NISA専用口座」を開設する必要があります。

なんだ～。証券口座を開いたら終わりじゃないのかぁ～。

あと1ステップですよ。それに、手続きも証券口座と同じくらい簡単ですから、もうちょっと頑張って。

は～い。

「NISA」をおすすめする理由

ところで、そもそも「NISA」って何ですか？

「NISA」というのは、国の税制優遇制度です。井上くんは、投資にも税金が課せられるって知ってました？

え〜！　税金がかかるんですか……。

残念ながら。例えば、株に投資して得た利益には、20・315%の税金がもれなく全員に課せられます。ちなみに、銀行の利子も税金がちゃっかり差し引かれているんですよ。

税金、税金って……(泣)。

これは普通の証券口座で株を購入した場合。でも、**NISA口座から投資すると、税金がかからなくなる**んです。

！！！

例えば、井上くんが１００万円で買った株価が上がって、１５０万円になったときに売ったとします。

利益は１５０万円－１００万円で50万円ですね。

これを普通の証券口座から購入すると、50万円×20%（※１）＝10万円の税金が課せられます。

10万円って結構デカいな……。

でしょう？　でも、その株をＮＩＳＡ口座から買っていたら、この10万円も自分のものになるんです。

なにそれ、すごい。

ね。「NISA」をおすすめする理由がわかるでしょう？

今の説明を聞いただけでも、おトク感がすごいです。

ちなみに、NISAには「一般NISA」と「つみたてNISA」の2種類があって、どちらか1つを選択しなければなりません。

違いは何ですか？

こんな感じです（図11）。「一般NISA」は年間120万円まで購入できて、非課税期間は5年。一方「つみたてNISA」は年間40万円まで購入可能で、非課税期間は20年です（※2023年4月現在）。

投資枠が年間120万円の「一般NISA」は金額的にちょっとハードルが高そうだし、限度枠が低くても20年保有できる「つみたてNISA」のほうが、僕には向いてそうだな。

ちなみに私も「つみたてNISA」をやっていますよ。

図11　**一般NISA・つみたてNISAの概要**

	一般NISA	つみたてNISA
年間投資枠	120万円	40万円
非課税対象	株式・投資信託など	一定の条件を満たした投資信託など
非課税期間	5年	20年
買付方法	一括・積立て	積立てのみ

※2023年4月現在

先輩はどうして「つみたてＮＩＳＡ」を選んだんですか？

理由は、非課税期間が長いから。投資の二大原則を実現するためです。

この前教わった「長期」と「分散」ですね！　僕も先輩と同じものを選んでおけば安心だな〜。

信頼してくれるのは嬉しいですが、物事には必ず良い点と悪い点があります。当然、「つみたてＮＩＳＡ」にもデメリットがあります。だから井上くんにはデメリットも理解したうえで、自分自身で選択してほしいんです。

わかりました。それで「つみたてＮＩＳＡ」のデメリットって何ですか？

「一般NISA」と比較すると、「つみたてNISA」は金融庁が指定した投資信託しか購入できない点です。2023年3月現在、その数は223本。

それって多いんですか？　少ないんですか？

「一般NISA」では、証券会社で取扱いのあるほぼすべての投資信託が購入できるので、かなり限定されていると言えますね。

そうなんだ……。

ただ、この223本は金融庁によって厳選されたもの。「販売手数料ゼロ（ノーロード）、頻繁に分配金が支払われないなど、長期・積立・分散投資に適した投資信託」（※2）になっています。

僕にとっては、むしろ選択肢は最初から絞ってあるほうがありがたいです。これなら安心して「つみたてＮＩＳＡ」を選べそうです！

それで、このＮＩＳＡ制度なんですけど……。

？

実は、２０２４年に改正されて、もっとすごい制度になるんですよ！！！

（う、上田先輩のテンションが上がってる……！）

例えば、現行の「つみたてNISA」と「一般NISA」にあたる、「つみたて投資枠」と「成長投資枠」が併用できたり、生涯投資枠が最大1800万円まで増額されたり、何より再利用できるっていうのがすごいですし、あと、非課税保有期間が無期限になるのも革命的で……とにかく神改定なんです。

（ほとんど聞き取れなかった……）

コホン、ちょっと取り乱してしまいましたね……失礼。新NISAの内容は、井上くんにとっても良い内容になっていると思うので、まとめておきますね（図12）。

た、助かります。とくに押さえるポイントってありますか？

そうですね、せっかくなので、少し細かく説明しましょうか。

お願いします！

p158※1　実際の税率は20・315％ですが、ここではわかりやすく20％としています。

p162※2　金融庁「NISAとは？」より引用

新NISAを知ろう

新NISA〝4つの「神改定」〟

実は、2024年から現在のNISA制度が改定されて、新しいNISAが始まります。これが、「神改定」だと大きな話題になっているんです。

神改定？　それは気になります！

というわけで、現在のNISA（現行NISA）と新NISAの比較表をつくってみました（図12）。

さっすが上田先輩！

順番に説明していきますね。

図12　**現行NISAと新NISAの比較表**

	現行 NISA		新 NISA	
	つみたてNISA	一般 NISA	つみたて投資枠	成長投資枠
制度併用	併用 NG		併用 OK	
年間投資枠	40万円	120 万円	120 万円	240 万円
生涯投資枠	800 万円	600 万円	最大合計 1800 万円	（最大1200万円）
生涯投資枠の再利用	不可		可能	
非課税保有期間	20 年	5 年	無期限	
ロールオーバー（移管）	無し	可能	現行 NISA からのロールオーバー不可	
商品購入期間	2023 年末まで		2024 年1月～制度恒久化	

神改定① 口座の併用が可能に

前提として、新NISAでは、「つみたてNISA」が「つみたて投資枠」に、「一般NISA」が「成長投資枠」にそれぞれ名称が変わります。

名前も変わるんですね。

新ルールに合わせて、現行NISAの説明をするときはこれまでどおり「つみたてNISA」「一般NISA」、新NISAの説明には「つみたて投資枠」「成長投資枠」と名前を使い分けますね。

わかりました！

さて、これまでの「つみたてNISA」と、「一般NISA」は、それぞれどちらか1つを選択する必要がありました。**新NISAでは、「つみたて投資枠」と「成長投資枠」が併用できる**ようになります。

どちらも使えるってことですか？

そういうことです。例えば、「つみたてNISA」は年間40万円という限度があるので、それ以上の投資をしたい場合は、「一般NISA」を選択するしかありませんでした。でも、新NISAであれば、2つの枠を併用できます。

それは便利ですね！

神改定② 投資枠の増額

次に、投資枠が増額されます。「年間投資枠」は、「つみたて投資枠」と「成長投資枠」が併用可能になったことで３６０万円まで増えます（つみたて投資枠〈１２０万円〉＋成長投資枠〈２４０万円〉＝３６０万円／年間）。「生涯投資枠」も、最大合計１８００万円（ただし、成長投資枠は１２００万円まで）になります。

たくさん投資したい人にとっては、かなりありがたい変更ですね！

神改定③　非課税保有期間が無期限

そして、「非課税保有期間」が無期限になります。

無期限？

これまで、NISA口座で投資をしたときの非課税期間は、「つみたてNISA」は最大20年、「一般NISA」は最大5年でした。でも、新NISAではこの期限がなくなるんです。

え！　すごい変化じゃないですか！

ただし、「生涯投資枠」の1800万円を超えると、「課税口座」からの投資になるので、課税対象になります。

「課税口座」って？

普通の証券口座のことです。非課税の「NISA口座」に対して、税金が課せられるから「課税口座」と呼ばれています。

なるほど。それにしても、無期限ってすごいな。今よりNISA口座で投資がしやすくなっていくんですね。

もはや、NISAの利用は「マスト」ですね。さらに……。

まだあるんですか？

神改定④　生涯投資枠の復活で再利用が可能

はっきり言ってこれが一番の神改定です。「生涯投資枠が復活して再利用できる」。

「生涯投資枠の再利用」？？？　どういうことですか？

新NISAの生涯投資枠は1800万円です。例えば井上くんが1年目にAファンドを100万円分購入したとしたら、井上くんが生涯で投資できる額は1800万円－100万円で1700万円になります。

何だかゲームみたいですね。最初にあまり使いすぎると、将来使える額が少なくなっちゃうのか……。

ここからがポイント。先ほど1年目に買ったＡファンドが、2年後に１５０万円になったので売却したとします。すると、Ａファンドの元本である１００万円分の枠が復活します。つまり、生涯投資枠が再び１７００万円から１８００万円になるということです。

復活!?

ここで注意したいのは、復活する金額は、売った金額（時価）ではなく、買ったときの金額（簿価）になるという点。つまり、**元本分の金額が再利用できる**ようになるということです。

これって……投資枠を限度額いっぱいまで使い切ったとしても、「枠がいっぱいになったら売る」を繰り返せば、ずっと非課税のＮＩＳＡ口座を活用できるってことですよね。

そのとおり！　井上くん、だいぶ成長しましたね。

ホントですか？　嬉しいなぁ。

再利用についての注意点はもう1つ。それは売却した翌年以降にならないと、投資枠の復活ができない点です。

どういうことですか？

例えば、すでに生涯投資枠の1800万円をフルに使っていたとしましょう。以前購入したAファンドを、元本100万円分売った場合、生涯投資枠の100万円分が再利用できるようになります。ただし、復活した投資枠を利用できるのは翌年以降になります。

売却したらすぐに使えるようになるわけではないんですね。

そういうことです。

それにしても、新NISAって良いことずくめですね。

そうですね。私も神改定だと思います。が、物事には必ず、良い点もあれば悪い点もあります。

「デメリットも理解したうえで選べ」でしょう？

よくわかってるじゃないですか。次は新NISAのデメリットについて見ていきましょう。

は〜い。

新NISAに潜む2つの落とし穴

落とし穴①　ロールオーバーできない

新NISAで気をつけるべき点は2つ。1つは、ロールオーバー（移管）ができない点。もう1つは、税金の救済措置が使えない点です。

ロールオーバー???　救済措置???

順番に説明しますから、大丈夫ですよ。

先輩の優しさ、いただきました!!!

まず1つ目。現行NISAの商品は、新NISAの口座にロールオーバー（移管）することができません。つまり、**現行NISAで積み立ててきたものを新NISAで引き継ぎたいと思っても、移すことができない**んです。

えっ……。

現行NISAで商品が購入できるのは、2023年末まで。それ以降は、①非課税運用期間のうちに売却して利益を確定する。②非課税運用期間が終了し、課税口座に自動的に移される。のどちらかになります。

うわ、ちょっと面倒くさそう。でも、何もせずに放置しておいても、勝手に移してくれるならいいか……。

本当に？

え？　ダメなんですか？

ダメというわけではないですが、注意すべきことは、**ＮＩＳＡ口座から課税口座に移した時点の価格が取得価額になる**という点です。

どういうことですか？

例えば、「一般ＮＩＳＡ口座」でファンドを１２０万円で購入し、５年後の非課税期間終了時に１００万円まで値下がりしていたとします。この時点で「一般

ＮＩＳＡ口座」から「課税口座」へ自動的に移されると、取得価格は１００万円に変更されます（図13）。

１２０万円じゃないんだ。

そうなんです。「課税口座で１００万円で購入した」ということになるんですね。

う〜ん、これって損になるんですか？

例えばその後、図13の①のように、１３０万円に値上がりして売却した場

図13

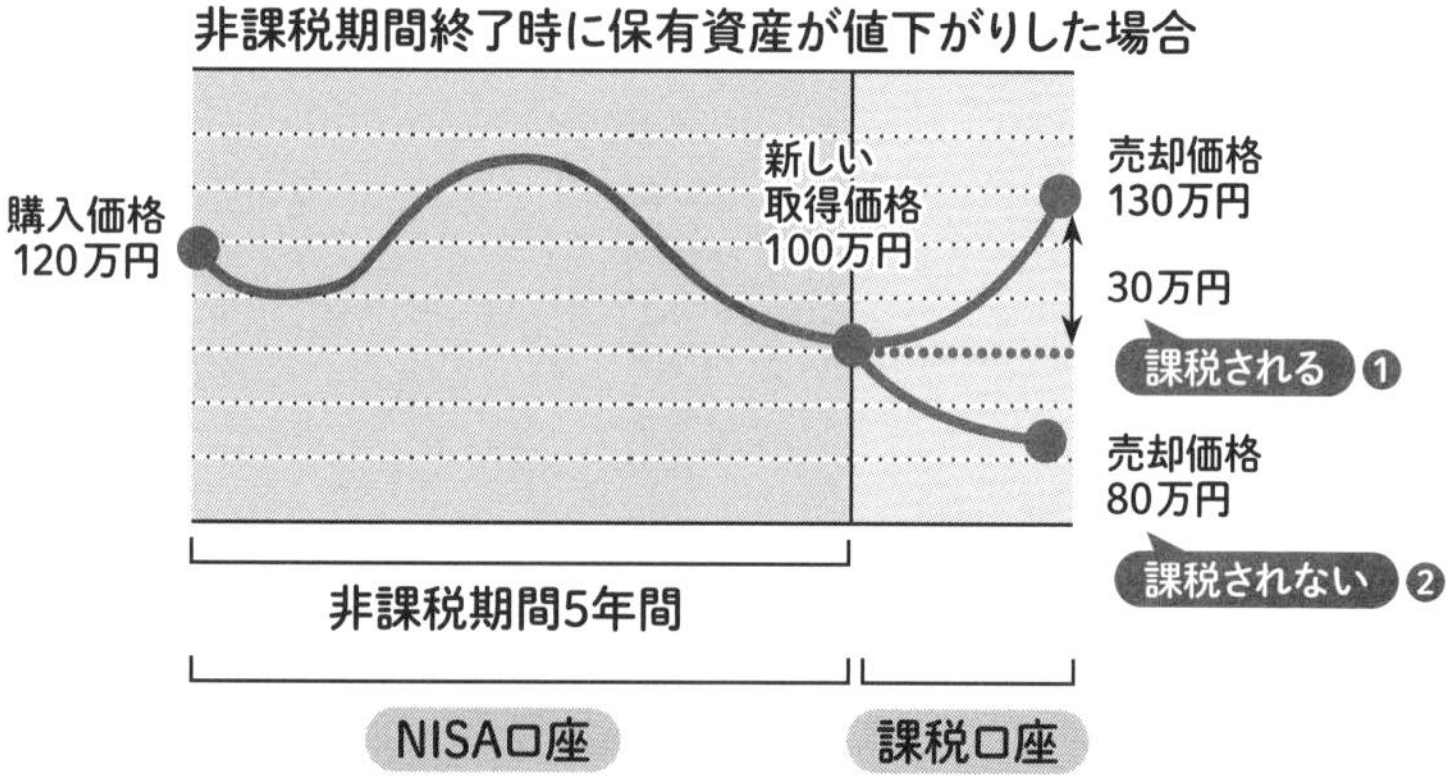

（出典：金融庁ウェブサイト
https://www.fsa.go.jp/policy/nisa2/about/nisa/point/index.html）

合、課税口座では利益に対して20%（※）の税金がかかるので、利益30万円×20%＝6万円の税金が課せられます。

そうだった。税金がかかるのか。

もしこれを最初から課税口座で１２０万円のファンドを購入していたらどうなるか。一度１００万円に下がったものの、１３０万円まで回復した時点で売却したとすると、利益10万円×20%＝2万円の課税ですみます。

どちらも１２０万円で購入しているのに、多く税金がかかってしまうこともあるんですね。

そういうことです。ちなみに、図13の②のように値下がりして80万円で売却した場合、利益はマイナス（１００万円－80万円＝20万円）なので、課税されません。

先輩も今「つみたてNISA」をやってるって言ってましたよね。先輩はこの後どうするんですか？

「つみたてNISA」の非課税運用期間は20年ありますから、タイミングを見て、期間中に売却して利益確定するか、期間が終わって自動的（強制的）に課税口座に移管されるか、そのどちらかです。時間的な余裕があるので、状況を見ながら考えます。

そうか。「つみたてNISA」の場合は期間が長いから、その分じっくり検討できるんですね。

その点「一般NISA」を選択した人は、非課税期間が5年と短いので、売却するか、期間終了を待つか、早く方針を決めなくてはいけません。

落とし穴②　税金の救済措置が使えない

2つ目は、税金の救済措置……？

井上くんは、投資で失敗したときに救済措置があるのを知っていますか？

そうなんですか？　知らなかった。

投資で失敗したときは、税金が減額されます。それが「損益通算《そんえきつうさん》」と「繰越《くりこし》控除《こうじょ》」というもので、**NISA口座ではそのどちらも適用されません。**

やばい、全然わからない……（汗）。

「損益通算」とは、同じ年の利益と損失を相殺することができて、その分だけ税金を減らすことができる制度。「繰越控除」とは、本年分の損失を控除しきれないとき、翌年以降に損失を繰り越すことができる制度です。

投資に「絶対」はないけれど

この2つのデメリットから言えることがあるのですが、何だかわかりますか？

う〜〜ん。お手上げです。

それは、**「NISA口座は、プラスになって初めて効力を発揮する」**ということです。

え？　でも、投資に絶対はないんですよね？

もちろん、投資だから「絶対にプラスになる」方法はありません。でも、**「プラスになりやすい」方法はある**んですよ。

それも、もちろん教えてくれるんですよね？

まあ、いいでしょう。でもまずその前に、「ファンド（投資信託）」について知ってもらいたいと思います。

よろしくお願いします!

p183※　実際の税率は20・315%ですが、ここではわかりやすく20%としています。

ファンド（投資信託）を選ぼう

「ファンド」って何？

NISAでは、「ファンド（投資信託）」を選ぶことができます。

……上田先輩。

「ファンドって何？」ですよね？

さっすが先輩！　僕のことよくわかってる〜。

想定内です。

もうちょっと信じてくれても……（泣）。

「ファンド（投資信託）」というのは、投資家から集めた資金で投資のプロが資産を運用する商品のことです。

自分で運用するんじゃなくて、プロに運用してもらうんですね。なるほどなるほど。で、僕はこの対象商品の中から選択する必要がある、と……。

……。

……。

「どうやって選べば良いんですか？」でしょう？

はい（泣）。

そもそも「つみたてNISA」で選べる商品は、あらかじめ金融庁によって決められていて、その中から選択する仕組みになっています。その選択基準は、長期積立・分散投資に適していて、手数料が安いもの。ちなみに「つみたてNISA」の対象商品は、2024年に始まる新NISAの「つみたて投資枠」に引き継がれます。

新NISAになっても選べる商品は変わらないんですね！

ファンド選びの3つのキーワード

金融庁で選ばれているとはいえ、かなり選択肢がありますね。選ぶときのポイントって何ですか？

ファンドを選ぶときのポイントはいくつかありますが、中でも重要なのは、「手数料」「投資エリア」「ファンドの規模」の3つですね。

「手数料」「投資エリア」「ファンドの規模」……？

選ぶポイント① 手数料

まずは手数料から。**投資は長期で取り組むのが基本ですから、少しでも手数料の安いファンドを選んだほうが良い**です。

手数料がかかるんだ……。たしかに、手数料は安いほうが良いですよね。

ファンドには、大きく分けて3つの手数料があります。1つ目は購入するときに支払う「販売手数料」、2つ目はファンドを保有している間ずっと払い続ける「信託報酬」、3つ目は解約したときに支払う「信託財産留保額」です。

えっ、手数料って1種類じゃないんだ……。そんなにいろいろ手数料がかかるなんて聞いてないよ〜。

この3つの手数料の中で、とくに注目してほしいのが「信託報酬」です。

どうしてですか？

「販売手数料」と「信託財産留保額」は、買ったときと、解約したときだけにかかる手数料ですが、「信託報酬」は、ファンドを保有しているあいだずっと支払い続ける手数料だからです。

えっ、信託報酬の手数料ってどのくらいかかるんですか？

金融庁がつみたてNISA用に選択したファンドの信託報酬は、0・1％〜1・3％くらいです。中には0・1％以下のファンドもありますよ。

ファンドを選ぶときには、「信託報酬」以外の手数料も確認したほうが良いですよね。

そうですね。**一般的に、「インデックスファンド」のほうが手数料が安い**です。

す、すみません、インデックスファンドって何ですか？

ファンドには、「アクティブファンド」と「インデックスファンド」の2種類があります（図14）。「アクティブファンド」は、指数（インデックス）よりも高いパフォーマンスを目指すファンド。「インデックスファンド」は、指数と同じ値動きをするよう運用されるファンドです。

指数？？？　急に用語が増えてめまいがしてきた……。

指数というのは、株式市場などの全体的な動きを表す指標です。景気が良くなれば上がり、悪くなれば下がります。

図14 **ファンド（投資信託）の種類**

ファンド（投資信託）

アクティブファンド
指数を上回る
運用成績を目指す

インデックスファンド
指数と同じ
運用成績を目指す

う〜ん、日本の日経平均みたいなものですか？

そのとおり！　井上くん、今のはちょっと投資家っぽかったですよ。

そ、それほどでも〜（照）。

世界には様々な指数があって、インデックスファンドはそれに連動しています。

アクティブファンドはそうはならないんですか？

アクティブファンドは、指数（インデックス）を上回るリターンを目指すファンドなので、運用会社などが独自に運用しています。

へえ。でも、アクティブファンドって、指数を上回ることを目標にしてるんですよね？　だったら、アクティブファンドを選んだほうがリターンも大きいってことになるんじゃ……？

そうでもないんですよ。あるデータによると、「15年運用した場合、93・4％のファンドが、米国の代表的指数のS&P500のパフォーマンスより劣っている」という結果が出ています（※）。

そうなんだ。

インデックスファンドのほうが低コストですし、成績も良いなら、インデックスファンドで良いですよね。

そうですね。

さらに言うと、まったく同じ指数に連動しているインデックスファンドでも、運用会社によっては手数料が違うことがあるので、注意が必要です。

その場合は手数料の低いほうを、ですね。

選ぶポイント②　投資エリア

次は、投資エリア。どのエリアに投資するかということです。

おすすめのエリアはありますか？

現在の状況だと、**アメリカ市場がおすすめ**ですね。その理由は、先進国で唯一人口が増加し続けていて、市場が拡大し続けているから。また、法整備されていて不正行為が行われにくいなど、投資家にとっても安心できるからです。

わかりました。投資エリアを選ぶならアメリカ、と……。

選ぶポイント③　ファンドの規模

最後はファンドの規模。ファンドの「純資産金額」で規模を見ておきましょう。

純資産金額？？？

純資産金額とは、ファンドの規模を表すもの。純資産金額が少ないと、効率的な運用ができなかったり、途中で運用をやめて償還（預かっていたお金を投資家に返すこと）してしまったりすることがあります。

そっか。資産がなければ運用もできないですもんね。

純資産金額の目安は、一般的には100億円以上と言われています。

純資産金額は100億円以上、ですね。わかりました！

どれだけのお金が集まっているかは、人気のバロメーターにもなります。お金が集まれば、より効率的な運用ができるので、手数料を下げることもできます。手数料を下げることを公約しているファンド会社もあるんですよ。

お金が集まれば手数料も下がる、と……。メモしたは良いけど、内容がぐちゃぐちゃで、あとから読み返せる気がしないな……。

今説明した内容を表にまとめておきましたから、迷ったらこれを確認すると良いですよ（図15）。

う、上田先輩～（感涙）！

この程度、お安い御用です。

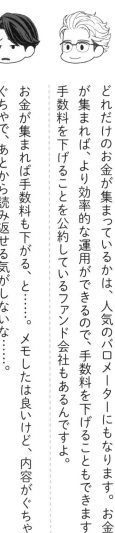

一生ついていきます！！！

前にも言いましたが、そもそも「つみたてNISA」では、金融庁が長期投資に適したファンドをセレクトしてくれているので、実はそこから探すのはそれほど難しくないんです。難しく感じるかもしれませんが、あまり考えすぎなくて大丈夫ですよ。

1つだけではなく、複数のファンドを選んでも良いんですよね？

図15 **「つみたてNISA」のファンド選びのポイント**

手数料	アクティブファンドより インデックスファンドの方が安い
	同じ指数に連動しているファンドなら、 手数料が安いものを選択
投資エリア	米国、全世界（S&P500、全米株式、全世界株式）
ファンドの規模	純資産金額は100億円以上が目安

もちろん。選ぶファンドが決まったら、たまに見直す程度でOK。井上くんも、ついに投資家デビューですね！　おめでとう。

先輩のおかげです！　ありがとうございます！　お祝いに飲みに行きましょ～！

相変わらずですねえ……（苦笑）。まあ、今日は付き合いましょうか。

（今日こそ先輩がグラスを傾ける姿を写真に収めなきゃ！）

P198※1　S&P Dow Jones Indices

ほら、早くしないと
置いていきますよ？

「iDeCo《イデコ》」って？

「ＮＩＳＡ」と一緒に、「ｉＤｅＣｏ」という言葉もよく聞くようになりました。「ｉＤｅＣｏ」は年金で、加入は自由。自分で選んだ商品（定期預金、保険商品、ファンド（投資信託））を運用し、老後の資金を準備するものです。

月々５０００円から始められて、掛金額も１０００円単位で自由に設定可能。また、給料に合わせて、少しずつ増額することもでき、掛金は65歳まで拠出できます。「ｉＤｅＣｏ」にも、税制上の優遇措置があって、毎月の積立金額、運用益、そして給付を受け取るときに優遇されます。ただし、「ｉＤｅＣｏ」はあくまでも年金なので、60歳になるまではお金を引き出すことはできません。

なお、２０２２年のルール改正により、加入できる年齢が60歳未満から65歳未満に拡大されました。また、これまで60～70歳で受け取るしくみでしたが、５年延長されて60～75歳になりました。

興味のある人は、自分が勤務する会社や「ｉＤｅＣｏ公式サイト」(https://www.ideco-koushiki.jp) をチェックしてみてください。

【上級編】さらに「ファンド」に詳しくなろう

ファンドの知識をアップデート

「つみたてNISA」を始めて数カ月ですが、やってみてどうですか？

順調ですよ！　給料が入ったら、自動的に証券口座にお金が振り込まれるように設定したので、基本的にほったらかしです。でも、毎月ちゃんと投資できています。

ね？　「面倒くさい」と思うのは最初だけでしょう？

ホントですね。あれこれ理由をつけてやらずにいた時間が、どれだけもったいなかったか……。

まあまあ。井上くんにはこれから何十年と時間があるわけですから、今実行に移せたということのほうが大事ですよ。

「長い目でコツコツ」が大事ですもんね？

そういうことです。私が教えたことをきちんと吸収していますね。えらいです。

えへへ……（照）。でも、2024年から「新NISA」に移行するんですよね。手続きとか、いろいろ不安なんですけど……。

手続きの必要はありません。**すでにNISA口座を開設している人は、自動的に新NISA口座が開設されるようになっています。**

よかった〜。

ただし、今の「つみたてNISA」口座で商品を購入できるのは2023年末まで。2024年からは、「つみたて投資枠」口座で積み立てをすることになります。

商品っていうのは、「ファンド（投資信託）」のことですよね。

そうそう。

先輩のおかげで、投資のことにより興味が湧いてきました。ファンドについてもっと詳しく教えてくれませんか？

それは素晴らしい！　では、そんな井上くんに、ここからはちょっと上級編のお話です。

よろしくお願いします！

アメリカ経済に注目

まず簡単なおさらいですが、ファンド（投資信託）は、大きく分けて2種類。「アクティブファンド」と「インデックスファンド」の2つがあります。もう一度図も出しておきますね（図16）。

2つのファンドの違いは、「指数（インデックス）に連動する」か、それとも「指数（インデックス）以上の運用成績を目指すか」の違いでしたよね。

図16　**ファンド（投資信託）の種類**

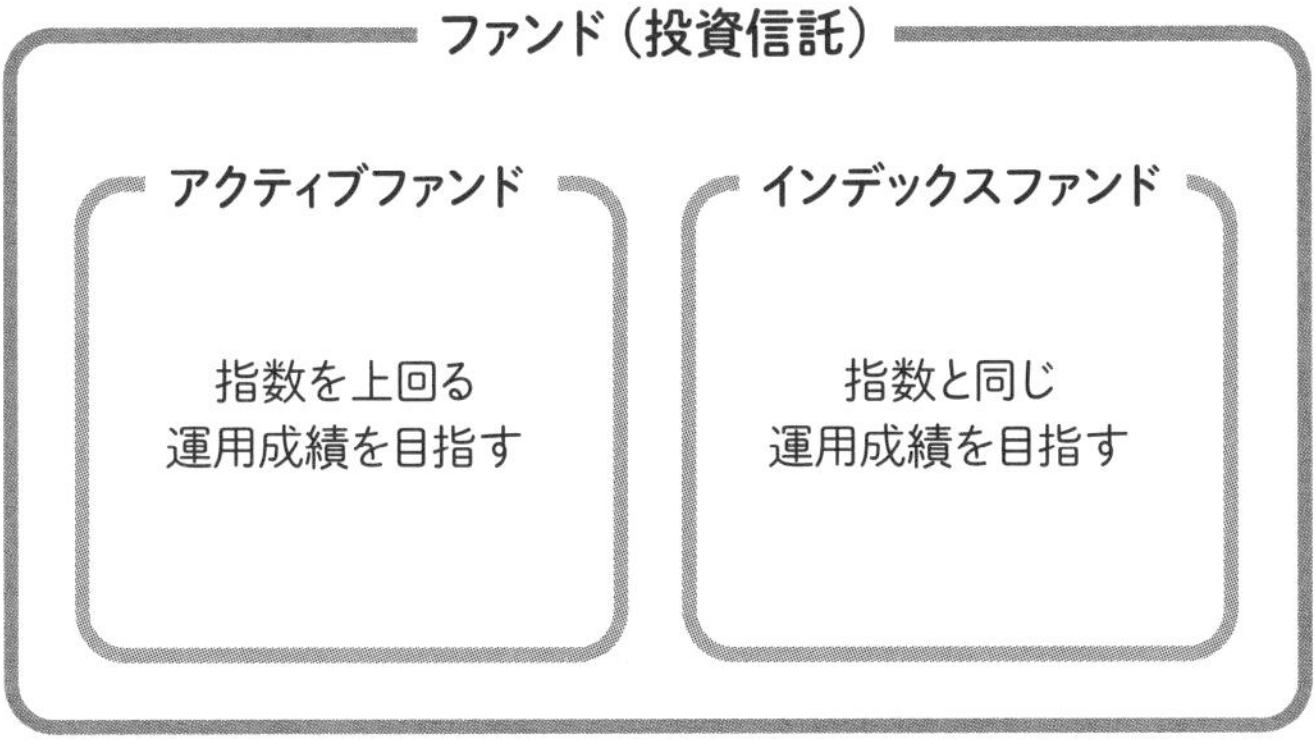

そのとおり。「指数（インデックス）」とは、株式市場などの全体的な値動きのことで、日本だと「日経平均」や「TOPIX」、アメリカだと「S&P500」や「ダウ平均」などがあります。

指数にもいろんな種類があるんですね。

私は「S&P500」に注目しています。

どうしてですか?

「S&P500」は、アメリカの株式市場の動きを示す代表的な株価指数です。
時価総額の大きいアメリカの主要500社の株価をもとに算出されています。

「S&P500」の過去30年（※1）の年平均成長率（CAGR）は9・66%。
ざっくり言うと、年10%のリターンがアメリカの基準です。

それって高いんですか？

高いですよ！　全世界（MSCI ACWI※2）の過去30年の年平均成長率が8・61%なので、それを上回る数字です。

えっ、すごい。ちなみに日本は？

日本を代表する株価指数は「日経平均」。これは日本経済新聞社が選出した225社の株価をもとに算出された株価指数です。

過去30年の年平均成長率は?

残念ながら、1・4%です。

日本、低っ!

具体的に言うと、例えば30年前に1000円投資したとして、「S&P500」なら約1万5000円。日経平均だと約1500円にしかならない計算です。

10倍の差か……。

ただ、これはあくまでも過去30年の結果なので、この先も同じようになるとは限りません。景気は上がったり下がったりしますから、今後もアメリカの独走が続くかどうかはわかりませんが、少なくとも今のところはアメリカ経済に期待できそうです。

世界的に人気なETF

ちなみに、ファンド（投資信託）の中でも、証券取引所などに上場している特別なファンドを、ETF（＝Exchange Traded Funds）と呼びます。

ETF？　株式会社にも「上場」「非上場」がありますけど、ファンドにもあるんですね。

最近はとくに「S&P500」、「米国株全体」、「世界株全体」などの指数に連動しているETFに人気があります。例えば、ティッカーシンボル、SPY、VOO、IVVなど。

それも、「つみたてNISA」や「つみたて投資枠」で買えるんですか?

残念ながら、金融庁が選択したファンド(投資信託)には入っていません。あくまでもNISA制度は日本の国策なので、日本の金融業界が潤うことを前提に考えられているんです。

そうなんだ。

ちなみに、「つみたてNISA」や「つみたて投資枠」で買えるETFで言うと、東京証券取引所に上場している7本のみ。もし、アメリカで上場している

ETFを手に入れたいなら「一般NISA」、今後は「成長投資枠」から購入することができます。

へえ……(ちょっと話が難しくなりそうだぞ……)。

ETFの話はちょっと難しいので、あとでまとめておきますよ(227ページコラム)。

さっすが仕事のできる男! 隙がない! 助かります~!

ついでに、仕事の仕方も学んでくれると嬉しいんですけどね?

……はーい。

P213※1　1993～2022年の30年間
※2　アメリカのモルガン・スタンレー・キャピタル・インターナショナル社（MSCI）が算出する、世界の株式を対象とする株価指数

【上級編】注目の「コア＆サテライト戦略」

■〝守り〟と〝攻め〟の二刀流

そういえば、上田先輩が前に「投資に絶対はないけれど、プラスになりやすい方法がある」って言ってましたよね（187ページ）。あの話、まだ聞けていなかったんですけど……。

そうでした。「コア＆サテライト戦略」という投資戦略のことです。

「コア&サテライト戦略」？　投資家っぽくてかっこいいなぁ。

「コア戦略」は、長期で安定的に運用して、市場平均程度のリターンを確保する〝守り〟の運用スタイル。これが「プラスになりやすい投資」です。

長期で安定的に運用……？　どこかで聞いたような考え方ですね。

そのとおり。まさに、「投資の二大原則」です。だから私の「コア戦略」は、これを実現しやすいNISA口座を使っています。

じゃあ、「サテライト戦略」は？

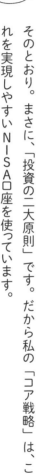

「サテライト戦略」は、〝攻め〟の運用スタイル。ある程度のリスクをとって、全体として市場平均に勝つ可能性にチャレンジします。この2つの投資の考え方を併用するのが「コア&サテライト戦略」です。

〝守り〟の投資と〝攻め〟の投資を同時にやるんですね。

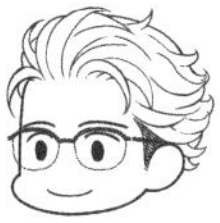

そういうことです。私の場合、今のところは「つみたてNISA」口座を「コア戦略」、「課税口座」を「サテライト戦略」と位置づけています。「つみたてNISA」口座で長期でコツコツ投資をしつつ、例えばボーナスが出たときには、課税口座から個別株を購入したり、ベンチャー企業に出資したりしています。

「サテライト戦略」のほうが難易度が高そう。

「サテライト戦略」は「コア戦略」に比べてよりハイリスクハイリターンになりますからね。

「サテライト戦略」の投資の仕方は、最初に考えていた投資のイメージに近い気がします。

そうかもしれませんね。ちなみに、2024年以降は2つの投資枠を併用できるので、「コア戦略」を「つみたて投資枠」で、「サテライト戦略」を「一般投資枠」で、どちらも非課税で投資するつもりです。

そういう使い方ができるのか！

「コア」と「サテライト」のバランス

何を「コア」にして、何を「サテライト」にするか、あるいはそのバランスをどうするかは、人によって考え方が違うんです。

上田先輩はどんなふうに考えているんですか？

例えば、私の「サテライト戦略」には、GoogleやAppleなどの個別株、そしてベンチャー企業への出資も含まれています。

「コア」と「サテライト」はどのくらいの比率にしているんですか？

一般的に8対2が標準的だと言われています。中にはより高いリターンを狙って「サテライト」部分を増やす人もいます。

リスクが高い株に投資するのは勇気が必要だけど、全体の2割の範囲でチャレンジするなら、意外と堅実な気もしますね。

「コア」と「サテライト」に分けることで、確実に収益を得ながら、チャレンジもする。そんな方針で投資をやっています。

先輩はこれからどういう戦略を考えているんですか?

2024年から新NISAが始まります。今回の神改定で、生涯投資枠や年間投資が大幅に増えたので、「コア」の部分をもっと充実させようと思っています。

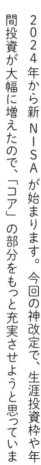

僕もいずれ、上田先輩みたいな投資ができたらいいなあ。

私も最初は毎月一万円を積み立てるところから始めました。投資を始めたことが経済や為替《かわせ》に興味を持つきっかけにもなって、少しずつ世界の動向がわかるようになったことが、今の投資に活きています。

それで、いつのまにかお金について詳しくなっちゃった、と。

そういうことになりますね。

上田先輩のことを見ていると、自分の将来をちゃんと考えてお金と向き合っていて、改めて尊敬します。ちょっと前の僕みたいに金欠に悩んだりしないし、つねに余裕があってかっこいいです。

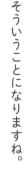

当たり前じゃないですか。私を誰だと思ってるんですか。

そういう上田先輩の反応もいいです！　最高です！　推しです！

……ありがとう。井上くんも、投資を始めるという大きな一歩を踏み出したわけですから、きっとできますよ。

これから少しずつ経済とか為替のことも勉強していきたいです。

応援してますよ。

「ETF」を選ぶなら

ETFとは、上場しているファンド（投資信託）のことで、株式と同様に、証券取引所に買付や売却の注文を出します。

最近はとくに、「S&P500」、「米国株全体」、「世界株全体」などの指数に連動しているETFに人気があります。

例えば「S&P500」に連動しているETFは、ティッカーシンボル、SPY、VOO、IVVなどがよく知られています。すべて「S&P500」に連動しているので運用成績は同じですが、それぞれ運用会社が異なります。

選ぶときは、「手数料」に着目するのが最も重要なポイントです。同じ運用成績なら、手数料が安いに越したことはありません。とりわけ「コア戦略」のファンドは、長期間持ち続けるのが基本なので、少しでも手数料が安いほうが良いです。

ただし、ETFは上場しているので、上場株と同じように、1株単位でしか購入できません。例えば、1万円分きっちり購入することはできないのです。その意味では、同じ指数に連動するETFを購入するときは、1株あたりの金額が安いほうが買いやすいということになります。

ラスト・レクチャー　～お金を「使う」ことは難しい～

以前は「面倒くさい」「投資は怖い」なんて言っていた井上くんも、今では立派な投資家ですね。

先輩のおかげですよ～！

よくここまで頑張りました。

正直、自分でもびっくりするくらい前向きに取り組んじゃってます。

それは何より。コレ、どうぞ。（缶ビールを差し出す）

わ～！　ありがとうございます！

今日は井上くんに、大切なお話をしようと思っています。

（何だろう……ドキドキ）

私からの最後の授業ですから、しっかり聞いてくださいね。

えっ……？　最後……？

まあ、まずは乾杯！

……かんぱ～い。

で、今日のテーマは「お金を『使う』こと」です。

使うこと？？？

「そんな初歩的なことを？」って思いました？

正直ちょっと思いました。

たしかに、「お金を使う」なんて誰でもできますもんね。

むしろ得意ですよ？

〝経営の神様〟と呼ばれた松下電器産業（現・パナソニック）の創業者、松下幸之助氏ですら、「お金は儲けるより使うほうが難しい」と言っています。実は、お金を「使う」のは難しいことなんですよ。

そうなんですか？　いくらでも使えそうだけどなぁ。

それは、何も考えずに使う場合。でも、ここまでお金の勉強をしてきた井上くんなら、「あればあるだけ使う」がダメだということは、もうわかっていますよね？

はい。油断するとすぐ使いすぎちゃうから、先輩に教わった方法（64ページ）で貯金して、生活費も時々見直すようにしています。

井上くん、本当に成長しましたね……。今回はまさに、その考え方についてのお話です。

お金の使い方は「消費」「浪費」「投資」の3つだけ

お金の使い方は、3つしかありません。

えっ、もっといろいろあると思ってました。

「消費」「浪費」「投資」の3つです。意外とシンプルでしょう?

そうですね。

「消費」は、生活のために必要な物やサービスに使うお金。

毎日の食事代とか、家賃や光熱費も「消費」ですね。

そのとおり。では「浪費」は？

えーと、無駄づかいってことですよね。ノリで買って結局使ってないものとかは浪費だよな……。

使っていないのにお金を払い続けているサブスクなんかも「浪費」になります。

最後の「投資」は、お金を生み出すものにお金を使うこと。これまで教わってきたことですよね。

自己投資も「投資」です。

お金の使い方は、このどれかに必ず当てはまるってことですよね？

そういうことです。試しに、井上くんの日々のお金の使い道を、ざっくり「消費」「浪費」「投資」に分けてみましょうか。

えーと、「消費」は家賃や光熱費、食費、洋服代とか。ゲームの課金は「浪費」に入りそうだな……。ほとんど行ってないスポーツジムの会費も。「投資」は「ＮＩＳＡ」。あとは、う〜ん……。

何か悩んでますね。

僕、コンビニで毎日コーヒーを買う習慣があるんですけど、これは「消費」か「浪費」か、どっちになるのかなって……。あと、飲まなくても困らないっていう意味で言えばお酒は「浪費」かもしれないけど、それじゃあ上田先輩と飲むお酒も「浪費」になっちゃうのかなぁ。

そうなんです。このあたりの線引きが難しいですよね。例えば、1杯のコーヒーで朝から気持ち良く仕事ができるなら、それは「投資」かもしれません。もしくは、食事と同じ「消費」にもなります。でも、惰性で毎日買っているのなら、それは「浪費」かもしれません。

なるほど。僕の場合は「消費」の日もあるけど、単に習慣で買ってる日もあるから、「浪費」の日も多そうだな。

このビールもね。なんとなく飲んでいるなら単なる「消費」や「浪費」になるかもしれませんが、誰かとお酒を楽しむことで関係が深まったり、「明日も頑張ろう」と思えるようなお酒なら、それは明日の自分への「投資」です。

明日の自分への投資！　そういう考え方もあるのか！

実際には、コーヒーやビールのような細かい支出を気にする必要はありません。大きな支出を減らすほうが大事。でも、生活の中で**お金の使い方に迷ったときに、それが「消費」「浪費」「投資」のどれに当てはまるのかを考えると、お金の使い方が変わります。**

「ビールにお金を使うのはダメ」って考えると辛いけど、「今日のビールが『投資』なら買おう」って考えれば、気持ちもラクになりますね。

私の考えでは、基本、無駄づかいはダメ。でも、グレーゾーンをつくっておくことも重要だと思っています。あまり自分に厳しくしすぎなくていいんです。

その話を聞いて安心しました！

では、改めて。井上くんにとって今日のこの缶ビールは「消費」ですか？　「浪費」ですか？　「投資」ですか？

決まってるじゃないですか～。もちろん「投資」です。お金について学べる時間だっていうのもありますけど、先輩は僕の〝推し〟ですから。同じ空気を吸って、同じお酒を飲んで、目の保養もして、たっぷりエネルギーチャージしてます。先輩のおかげで明日からも頑張れそうです！

それは、よかった。

でも、まだ1つだけ言いたいことがあるんですけど……。

何でしょう？

さっき「最後の」授業とか言ってましたけど、僕にはまだまだ上田先輩が必要なんです。そんな寂しいこと言わずに、これからも僕にいろいろ教えてくださいい〜。

井上くんはもうすっかり〝お金を貯めて、増やす体質〟になりましたからね。私が教えることはもうないかと思っていたんですが……。

そんなことないです！！！

……仕方ないですね。独り立ちしてほしい気持ちもありますが、困ったことがあったらまた私のところに来てください。相談にのりますよ。

ありがとうございます！　また明日も来ます！

困ったときは
いつでも頼ってください

おわりに

この本を最後までお読みいただき、ありがとうございました。

「お金のこと」は、私たち人生における重要なテーマの1つです。しかし残念ながら、学校や社会で教わることはありません。「お金のこと」は自分で学ぶしかありません。

本書では、貯金できない状態から、どうすれば資産がつくれるのかについて、基本的な知識や考え方、そして実践的なヒントを紹介しています。

本書にもありますが、日本の給料はここ30年間ほぼ横バイです。収入を増やすには、資格取得や転職、副業などが定番になっています。

それらは全て「自分が働く」ことが前提です。

しかし、自分だけでなく「お金にも働いてもらう」方法を知り、実践することで、人生の選択肢は増えることになるでしょう。

あなたが「お金のこと」を知り、お金とより良い関係を保つことができれば、精神的にも経済的にも、豊かな人生を送ることができます。また、そのノウハウは、一生涯にわたって役立つものになるでしょう。

ただし、人生におけるお金はあくまでも手段であり、「本当に大切なものはお金で買えないもの『も』ある」ということも忘れないでください。

最後に、本書を執筆するにあたり、多くの方々にご協力いただきました。この場を借りて、心より感謝申し上げます。

富雄美智（Mitch TOMIO）

著者　**富雄美智**（とみお みち）
投資家、会社経営者。
自らの投資経験を活かして起業。「お金と感情」をテーマにした無料メルマガ「お金と心の地図」を、10年以上ほぼ毎日配信。「お金のこと」に関するコンサルティング、コーチング研修、セミナーなどを行う。
無料メルマガの登録はこちら⇓
https://mitchnote.com/melmaga/

イラスト　**史堂櫂**（しどう かい）
イラストレーター。『恋の迷宮に溺れて』（墨谷佐和）、『ダブルカップル』（御木宏美）ほか、BL作品を中心に多数のイラストを手掛ける。

推しの先輩に聞いてみた
ズボラな僕でも お金が貯まるようになりますか?

2023年4月28日　第1刷発行

著　者 ……………… 富雄美智
イラスト ……………… 史堂櫂
発行者 ……………… 大山邦興
発行所 ……………… 株式会社 飛鳥新社
〒101-0003
東京都千代田区一ツ橋 2-4-3　光文恒産ビル
電話　（営業）03-3263-7770
（編集）03-3263-7773
http://www.asukashinsha.co.jp

印刷・製本 ……………… 中央精版印刷株式会社

ISBN978-4-86410-951-2

編集担当　中野晴佳